Ivan Koesjnir

Economie van Afrika

Serie "Economie in landen"

eerst gepubliceerd: 2021
laatst bijgewerkt: 2021-02-02

Ivan Koesjnir. Economie van Afrika. Serie "Economie in landen". - 2021. - 75 pages.

Dit boek over de economie van Afrika van de jaren 1970 tot de jaren 2010. Brongegevens uit UN Data.

Grootte. In de jaren 2010 was het bruto binnenlands product van Afrika gelijk aan US$2,3 biljoen per jaar; de waarde van de landbouw was US$343,8 miljard; de waarde van de industrie was US$571,4 miljard.

Productiviteit. In de jaren 2010 bedroeg het bruto binnenlands product per hoofd van de bevolking $1.979,5, de waarde van de landbouw per hoofd $294,3, de waarde van de industrie per hoofd $489,1. Omdat de productiviteit minder gemiddeld onder het gemiddelde ligt, wordt de economie geclassificeerd als minst ontwikkeld.

Groei. In de jaren 2010 bedroeg de groei van het bruto binnenlands product 2,9%; de groei van de landbouw was 3,7%; de groei van de industrie was 0,035%.

Structuur. In de jaren 2010 omvatte de economie van Afrika: diensten (28,0%), industrie (25,9%), landbouw (15,6%), handel (15,5%), vervoer (9,2%) en bouw (5,8%).

Uitvoer en invoer. In de jaren 2010 was de invoer 10,8% hoger dan de uitvoer, de netto-invoer was gelijk aan 2,9% van het BBP.

Consumptie en reproductie. De houding van reproductie ten opzichte van de consumptie is niet beter dan het mondiale gemiddelde, dus het aandeel van het BBP in de wereld zal niet toenemen.

Serie "Economie in landen": parallel.page.link/nl

ISBN: 9798701846508

Inhoud

Part I. Grootte 4

   Hoofdstuk I. Bruto binnenlands product 5

   Hoofdstuk II. Toegevoegde waarde 9

   Hoofdstuk III. Bruto nationaal inkomen 13

Part II. Structuur 17

   Hoofdstuk IV. Landbouw 18

   Hoofdstuk V. Industrie 22

      Hoofdstuk 5.1. Fabricage 26

   Hoofdstuk VI. Constructie 31

   Hoofdstuk VII. Vervoer 36

   Hoofdstuk VIII. Handel 40

   Hoofdstuk IX. Diensten 44

Part III. Externe betrekkingen 48

   Hoofdstuk X. Uitvoer 49

   Hoofdstuk XI. Invoer 53

Part IV. Verbruik 57

   Hoofdstuk XII. Overheidsuitgaven 58

   Hoofdstuk XIII. Huishoudelijke uitgaven 63

   Hoofdstuk XIV. Voedsel consumptie 68

Part V. Reproductie 70

   Hoofdstuk XV. Bruto-investeringen in vaste activa 71

Part I. Grootte

de jaren 2010

BBP   US$2,3 biljoen

Het aandeel in de wereld   3,0%

Hoofdstuk I. Bruto binnenlands product

Het BBP van Afrika steeg van US$266,0 miljard per jaar in de jaren 1970 tot US$2,3 biljoen per jaar in de jaren 2010, dat wil zeggen met US$2,0 biljoen of 8,7 keer. De verandering vond plaats op US$1,4 biljoen als gevolg van een 2,5-voudige stijging van de prijzen, en ook op US$174,6 miljard als gevolg van een 1,2-voudige toename van de productiviteit , evenals op US$491,4 miljard als gevolg van de toename van de bevolking. De gemiddelde jaarlijkse groei van het BBP is 3,3%. De minimumwaarde van het bruto binnenlands product bedroeg US$116,4 miljard in 1970. De maximumwaarde van het bruto binnenlands product bedroeg US$2,6 biljoen in 2014.

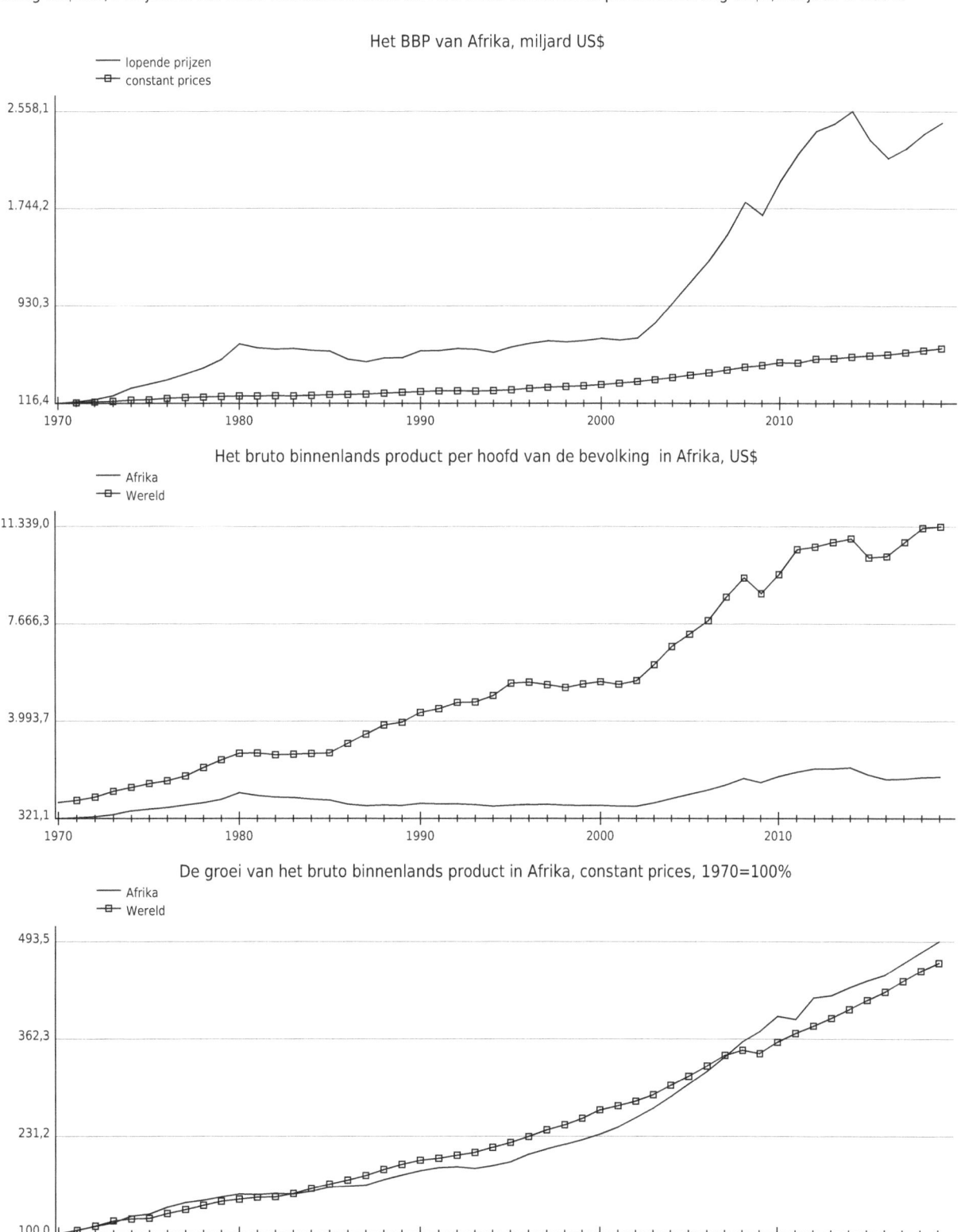

Het BBP van Afrika, miljard US$

Het bruto binnenlands product per hoofd van de bevolking in Afrika, US$

De groei van het bruto binnenlands product in Afrika, constant prices, 1970=100%

de jaren 1970

Het BBP van Afrika bedroeg in de jaren 1970 US$266,0 miljard per jaar. Het aandeel in de wereld was 4,1%.

Het BBP van Afrika bestond uit: kapitaalvorming (46,1%), huishoudelijke uitgaven (41,8%) en overheidsuitgaven (11,9%).

Het BBP per hoofd in Afrika was $648,3 in de jaren 1970s, en was vergelijkbaar met Peru (US$647,1), Paraguay (US$645,9), Angola (US$654,8). Het BBP per hoofd in Afrika was in 2,5 keer lager dan het bruto binnenlands product per hoofd van de bevolking in de wereld ($1.620,8).

De groei van het bruto binnenlands product in Afrika bedroeg 4.5% in de jaren 1970, en was vergelijkbaar met Bolivia (4,5%), Burkina Faso (4,5%), de Caraïben (4,6%). De groei van het bruto binnenlands product in Afrika (4,5%) was groter dan de groei van het BBP in de wereld (4,1%).

Vergelijking met regio's. Het bruto binnenlands product van Afrika was groter dan in Oceanië (US$115,2 miljard); maar minder dan in Europa (US$2,7 biljoen), in Amerika (US$2,3 biljoen) en in Azië (US$1,2 biljoen). Het bruto binnenlands product per hoofd in Afrika was groter dan in Azië (US$525,2); maar minder dan in Oceanië (US$5,4 duizend), in Amerika (US$4,0 duizend) en in Europa (US$3,7 duizend). De groei van het bruto binnenlands product in Afrika was groter dan in Amerika (4,1%), in Europa (3,6%) en in Oceanië (2,8%); maar minder dan in Azië (5,5%).

Subregio's. Het BBP van Afrika in de jaren 1970 bestond uit: West-Afrika (42,6%), Noord-Afrika (22,5%), Zuidelijk Afrika (13,8%), Oost-Afrika (12,8%) en Centraal-Afrika (8,2%). Het bruto binnenlands product per hoofd van de bevolking in subregio's: Zuidelijk Afrika ($1.304,3), West-Afrika ($949,9), Noord-Afrika ($621,6), Centraal-Afrika ($479,8) en Oost-Afrika ($282,8). De groei van het bruto binnenlands product in subregio's: Noord-Afrika (6,7%), West-Afrika (5,0%), Zuidelijk Afrika (3,1%), Oost-Afrika (3,0%) en Centraal-Afrika (1,5%).

Leiders. Het BBP van Afrika in de jaren 1970 bestond uit: Nigeria (35,0%), Zuid-Afrika (13,1%), Algerije (5,8%), Libië (5,2%), Egypte (5,0%), en andere (35,9%). Het bruto binnenlands product per hoofd Afrika onder de leiders: Libië ($5.299,5), Nigeria ($1.475,6), Zuid-Afrika ($1.404,8), Algerije ($936,2) en Egypte ($347,3). De groei van het BBP onder de leiders: Libië (8,1%), Algerije (6,4%), Egypte (6,1%), Nigeria (5,3%) en Zuid-Afrika (3,0%).

de jaren 1980

Het bruto binnenlands product van Afrika bedroeg in de jaren 1980 US$538,1 miljard per jaar, en was vergelijkbaar met Zuid-Amerika (US$531,7 miljard). Het aandeel in de wereld was 3,6%.

Het bruto binnenlands product van Afrika bestond uit: huishoudelijke uitgaven (50,1%), kapitaalvorming (37,4%) en overheidsuitgaven (12,9%).

Het BBP per hoofd in Afrika was $993,3 in de jaren 1980s, en was vergelijkbaar met Guyana (US$973,0), Honduras (US$1.017,7), Vanuatu (US$1.017,9). Het BBP per hoofd in Afrika was in 3,1 keer lager dan het bruto binnenlands product per hoofd van de bevolking in de wereld ($3.123,4).

De groei van het bruto binnenlands product in Afrika bedroeg 1.8% in de jaren 1980. De groei van het bruto binnenlands product in Afrika (1,8%) was minder dan de groei van het bruto binnenlands product in de wereld (3,0%).

Vergelijking met regio's. Het bruto binnenlands product van Afrika was groter dan in Oceanië (US$257,5 miljard); maar minder dan in Europa (US$5,4 biljoen), in Amerika (US$5,4 biljoen) en in Azië (US$3,5 biljoen). Het BBP per hoofd in Afrika was minder dan in Oceanië (US$10,4 duizend), in Amerika (US$8,2 duizend), in Europa (US$7,1 duizend) en in Azië (US$1.222,0). De groei van het BBP in Afrika was minder dan in Azië (4,6%), in Oceanië (3,1%), in Amerika (2,8%) en in Europa (2,5%).

Subregio's. Het bruto binnenlands product van Afrika in de jaren 1980 bestond uit: West-Afrika (37,9%), Noord-Afrika (26,7%), Zuidelijk Afrika (16,3%), Oost-Afrika (11,9%) en Centraal-Afrika (7,3%). Het BBP per hoofd van de bevolking in subregio's: Zuidelijk Afrika ($2.386,9), West-Afrika ($1.304,2), Noord-Afrika ($1.136,5), Centraal-Afrika ($652,3) en Oost-Afrika ($394,7). De groei van het bruto binnenlands product in subregio's: Oost-Afrika (2,9%), Centraal-Afrika (2,4%), Zuidelijk Afrika (2,4%), Noord-Afrika (2,2%) en West-Afrika (0,40%).

Leiders. Het bruto binnenlands product van Afrika in de jaren 1980 bestond uit: Nigeria (30,4%), Zuid-Afrika (15,4%), Algerije (9,9%), Libië (5,5%), Egypte (4,2%), en andere (34,6%). Het BBP per hoofd in Afrika onder de leiders: Libië ($7.767,2), Zuid-Afrika ($2.570,8),

Algerije ($2.405,8), Nigeria ($1.976,7) en Egypte ($467,9). De groei van het bruto binnenlands product onder de leiders: Egypte (7,7%), Algerije (2,8%), Zuid-Afrika (2,2%), Nigeria (-0,051%) en Libië (-3,1%).

de jaren 1990

Het bruto binnenlands product van Afrika bedroeg in de jaren 1990 US$590,3 miljard per jaar, en was vergelijkbaar met Spanje (US$590,1 miljard), Zuid-Azië (US$601,6 miljard). Het aandeel in de wereld was 2,1%.

Het bruto binnenlands product van Afrika bestond uit: huishoudelijke uitgaven (63,9%), kapitaalvorming (21,9%) en overheidsuitgaven (15,1%).

Het bruto binnenlands product per hoofd in Afrika was $833,3 in de jaren 1990s, en was vergelijkbaar met Ivoorkust (US$823,7), Honduras (US$843,2), Ghana (US$846,9). Het BBP per hoofd in Afrika was in 6,0 keer lager dan het bruto binnenlands product per hoofd van de bevolking in de wereld ($5.020,1).

De groei van het BBP in Afrika bedroeg 2.4% in de jaren 1990, en was vergelijkbaar met Venezuela (2,4%), IJsland (2,4%). De groei van het bruto binnenlands product in Afrika (2,4%) was minder dan de groei van het BBP in de wereld (2,8%).

Vergelijking met regio's. Het BBP van Afrika was groter dan in Oceanië (US$445,6 miljard); maar minder dan in Amerika (US$10,0 biljoen), in Europa (US$9,8 biljoen) en in Azië (US$7,8 biljoen). Het bruto binnenlands product per hoofd in Afrika was minder dan in Oceanië (US$15,4 duizend), in Europa (US$13,5 duizend), in Amerika (US$13,0 duizend) en in Azië (US$2,2 duizend). De groei van het bruto binnenlands product in Afrika was groter dan in Europa (1,4%); maar minder dan in Azië (4,7%), in Oceanië (3,3%) en in Amerika (3,1%).

Subregio's. Het BBP van Afrika in de jaren 1990 bestond uit: Noord-Afrika (35,6%), Zuidelijk Afrika (25,4%), West-Afrika (19,0%), Oost-Afrika (12,2%) en Centraal-Afrika (7,8%). Het bruto binnenlands product per hoofd van de bevolking in subregio's: Zuidelijk Afrika ($3.217,4), Noord-Afrika ($1.315,9), Centraal-Afrika ($558,2), West-Afrika ($551,5) en Oost-Afrika ($332,4). De groei van het BBP in subregio's: Noord-Afrika (3,3%), Oost-Afrika (2,8%), West-Afrika (2,5%), Zuidelijk Afrika (1,6%) en Centraal-Afrika (-0,36%).

Leiders. Het BBP van Afrika in de jaren 1990 bestond uit: Zuid-Afrika (23,7%), Egypte (10,6%), Nigeria (9,4%), Algerije (8,2%), Marokko (6,2%), en andere (41,8%). Het BBP per hoofd in Afrika onder de leiders: Zuid-Afrika ($3.421,3), Algerije ($1.706,7), Marokko ($1.378,2), Egypte ($1.017,3) en Nigeria ($521,9). De groei van het bruto binnenlands product onder de leiders: Egypte (5,0%), Marokko (2,6%), Nigeria (2,2%), Algerije (1,5%) en Zuid-Afrika (1,4%).

de jaren 2000

Het BBP van Afrika bedroeg in de jaren 2000 US$1,1 biljoen per jaar, en was vergelijkbaar met Canada (US$1,1 biljoen), Spanje (US$1,1 biljoen). Het aandeel in de wereld was 2,4%.

Het BBP van Afrika bestond uit: huishoudelijke uitgaven (59,9%), kapitaalvorming (24,3%), overheidsuitgaven (13,4%) en netto-uitvoer (2,4%).

Het BBP per hoofd in Afrika was $1.228,8 in de jaren 2000s. Het bruto binnenlands product per hoofd in Afrika was in 5,8 keer lager dan het bruto binnenlands product per hoofd van de bevolking in de wereld ($7.176,3).

De groei van het bruto binnenlands product in Afrika bedroeg 5.1% in de jaren 2000, en was vergelijkbaar met Zuidoost-Azië (5,1%), Congo (5,1%), Indonesië (5,1%). De groei van het BBP in Afrika (5,1%) was groter dan de groei van het BBP in de wereld (3,0%).

Vergelijking met regio's. Het bruto binnenlands product van Afrika was groter dan in Oceanië (US$832,3 miljard); maar minder dan in Amerika (US$16,7 biljoen), in Europa (US$15,4 biljoen) en in Azië (US$12,6 biljoen). Het BBP per hoofd in Afrika was minder dan in Oceanië (US$25,0 duizend), in Europa (US$21,1 duizend), in Amerika (US$19,0 duizend) en in Azië (US$3,2 duizend). De groei van het BBP in Afrika was groter dan in Oceanië (3,0%), in Amerika (2,1%) en in Europa (1,8%); maar minder dan in Azië (5,2%).

Subregio's. Het BBP van Afrika in de jaren 2000 bestond uit: Noord-Afrika (34,6%), West-Afrika (24,0%), Zuidelijk Afrika (21,4%), Oost-Afrika (11,0%) en Centraal-Afrika (9,0%). Het bruto binnenlands product per hoofd van de bevolking in subregio's: Zuidelijk Afrika ($4.376,0), Noord-Afrika ($2.027,6), West-Afrika ($1.007,0), Centraal-Afrika ($904,8) en Oost-Afrika ($428,9). De groei van het bruto binnenlands product in subregio's: Centraal-Afrika (6,5%), West-Afrika (5,8%), Oost-Afrika (5,5%), Noord-Afrika (4,9%) en Zuidelijk Afrika (3,6%).

Leiders. Het bruto binnenlands product van Afrika in de jaren 2000 bestond uit: Zuid-Afrika (19,7%), Nigeria (16,1%), Egypte (10,0%),

Algerije (8,8%), Marokko (5,6%), en andere (39,7%). Het BBP per hoofd in Afrika onder de leiders: Zuid-Afrika ($4.602,8), Algerije ($2.976,4), Marokko ($2.075,3), Egypte ($1.486,4) en Nigeria ($1.306,5). De groei van het BBP onder de leiders: Nigeria (7,6%), Marokko (5,2%), Egypte (5,0%), Algerije (3,9%) en Zuid-Afrika (3,6%).

de jaren 2010

Het BBP van Afrika bedroeg in de jaren 2010 US$2,3 biljoen per jaar. Het aandeel in de wereld was 3,0%.

Het BBP van Afrika bestond uit: huishoudelijke uitgaven (65,3%), kapitaalvorming (23,7%) en overheidsuitgaven (14,2%).

Het BBP per hoofd in Afrika was $1.979,5 in de jaren 2010s, en was vergelijkbaar met Laos (US$2,0 duizend). Het bruto binnenlands product per hoofd in Afrika was in 5,4 keer lager dan het bruto binnenlands product per hoofd van de bevolking in de wereld ($10.603,1).

De groei van het bruto binnenlands product in Afrika bedroeg 2.9% in de jaren 2010, en was vergelijkbaar met Montenegro (2,9%), Centraal-Amerika (2,9%), Nieuw-Zeeland (2,9%). De groei van het BBP in Afrika (2,9%) was minder dan de groei van het bruto binnenlands product in de wereld (3,1%).

Vergelijking met regio's. Het bruto binnenlands product van Afrika was 39,4% groter dan in Oceanië (US$1,7 biljoen); maar 11,8 keer minder dan in Azië (US$27,4 biljoen), 11,0 keer minder dan in Amerika (US$25,5 biljoen) en 9,1 keer minder dan in Europa (US$21,0 biljoen). Het BBP per hoofd in Afrika was 21,3 keer minder dan in Oceanië (US$42,3 duizend), 14,2 keer minder dan in Europa (US$28,2 duizend), 13,2 keer minder dan in Amerika (US$26,1 duizend) en 3,1 keer minder dan in Azië (US$6,2 duizend). De groei van het bruto binnenlands product in Afrika was groter dan in Oceanië (2,5%), in Amerika (2,2%) en in Europa (1,6%); maar minder dan in Azië (5,2%).

Subregio's. Het BBP van Afrika in de jaren 2010 bestond uit: Noord-Afrika (30,8%), West-Afrika (28,1%), Zuidelijk Afrika (17,0%), Oost-Afrika (13,6%) en Centraal-Afrika (10,5%). Het BBP per hoofd van de bevolking in subregio's: Zuidelijk Afrika ($6.298,2), Noord-Afrika ($3.219,8), West-Afrika ($1.864,5), Centraal-Afrika ($1.595,9) en Oost-Afrika ($818,3). De groei van het bruto binnenlands product in subregio's: Oost-Afrika (6,1%), West-Afrika (3,6%), Centraal-Afrika (2,8%), Zuidelijk Afrika (1,9%) en Noord-Afrika (1,6%).

Leiders. Het bruto binnenlands product van Afrika in de jaren 2010 bestond uit: Nigeria (19,4%), Zuid-Afrika (15,5%), Egypte (11,4%), Algerije (7,9%), Angola (4,9%), en andere (40,8%). Het BBP per hoofd in Afrika onder de leiders: Zuid-Afrika ($6.532,1), Algerije ($4.660,9), Angola ($4.118,4), Egypte ($2.890,9) en Nigeria ($2.505,2). De groei van het bruto binnenlands product onder de leiders: Egypte (3,8%), Nigeria (3,6%), Algerije (2,7%), Angola (2,1%) en Zuid-Afrika (1,7%).

Hoofdstuk II. Toegevoegde waarde

De toegevoegde waarde van Afrika steeg van US$254,0 miljard per jaar in de jaren 1970 tot US$2,2 biljoen per jaar in de jaren 2010, dat wil zeggen met US$1,9 biljoen of 8,7 keer. De verandering vond plaats op US$1,4 biljoen als gevolg van een 2,7-voudige stijging van de prijzen, en ook op US$98,0 miljard als gevolg van een 1,1-voudige toename van de productiviteit , evenals op US$469,2 miljard als gevolg van de toename van de bevolking. De gemiddelde jaarlijkse groei van de toegevoegde waarde is 3,2%. De minimumwaarde van de toegevoegde waarde bedroeg US$111,1 miljard in 1970. De maximumwaarde van de toegevoegde waarde bedroeg US$2,5 biljoen in 2014.

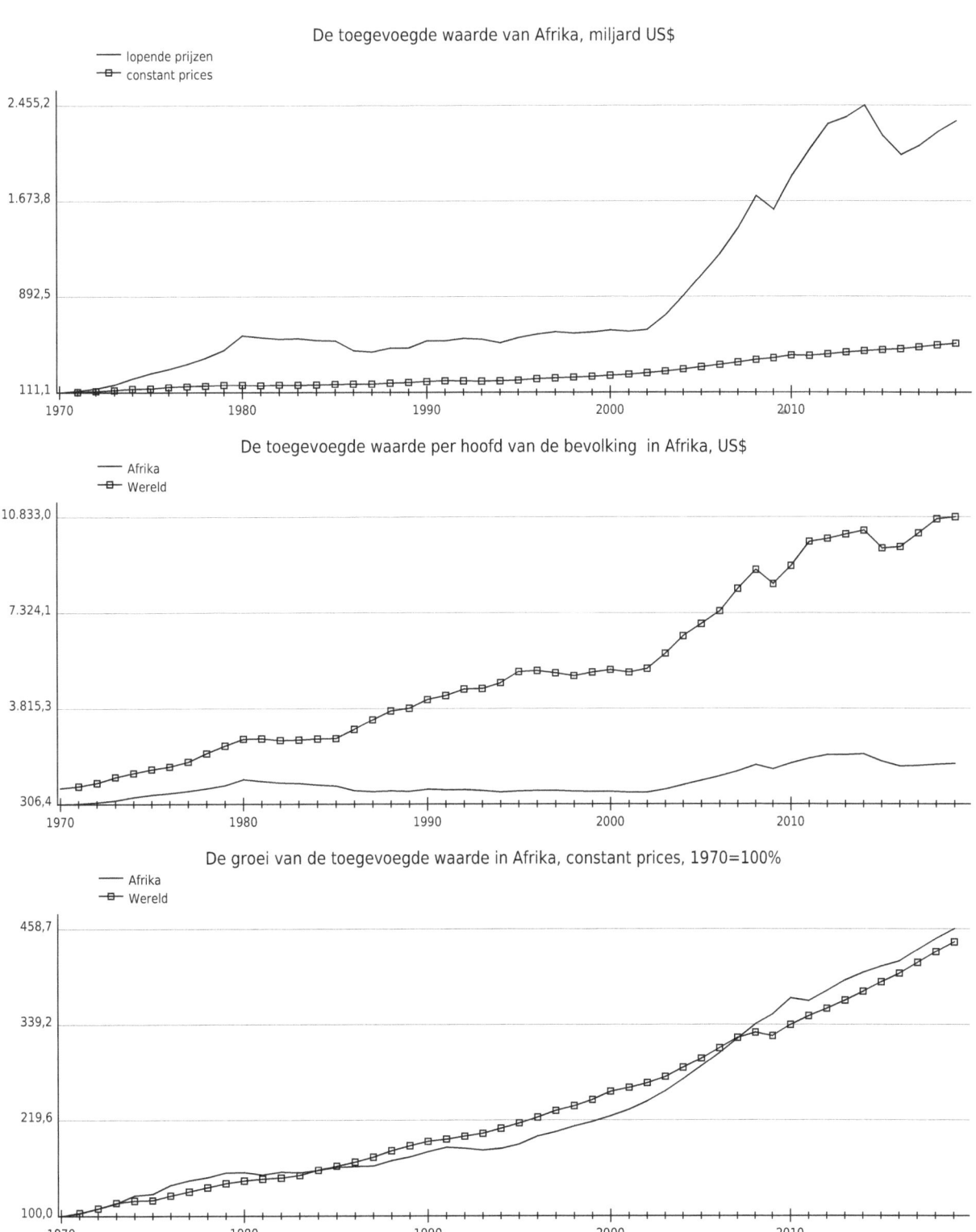

De toegevoegde waarde van Afrika, miljard US$

De toegevoegde waarde per hoofd van de bevolking in Afrika, US$

De groei van de toegevoegde waarde in Afrika, constant prices, 1970=100%

de jaren 1970

De toegevoegde waarde van Afrika bedroeg in de jaren 1970 US$254,0 miljard per jaar. Het aandeel in de wereld was 4,0%.

De totale toegevoegde waarde van Afrika bestond uit: industrie (29,3%), diensten (25,2%), landbouw (18,1%), handel (11,9%), transport (9,0%) en constructie (6,4%).

De toegevoegde waarde per hoofd in Afrika was $619,0 in de jaren 1970s, en was vergelijkbaar met Djibouti (US$614,1), Belize (US$613,3), Jordanië (US$628,5). De toegevoegde waarde per hoofd in Afrika was in 2,5 keer lager dan de toegevoegde waarde per hoofd van de bevolking in de wereld ($1.564,4).

De groei van de toegevoegde waarde in Afrika bedroeg 4.9% in de jaren 1970, en was vergelijkbaar met Japan (4,9%). De groei van de toegevoegde waarde in Afrika (4,9%) was groter dan de groei van de toegevoegde waarde in de wereld (3,9%).

Vergelijking met regio's. De toegevoegde waarde van Afrika was groter dan in Oceanië (US$108,3 miljard); maar minder dan in Europa (US$2,5 biljoen), in Amerika (US$2,2 biljoen) en in Azië (US$1,2 biljoen). De toegevoegde waarde per hoofd in Afrika was groter dan in Azië (US$508,3); maar minder dan in Oceanië (US$5,1 duizend), in Amerika (US$4,0 duizend) en in Europa (US$3,5 duizend). De groei van de toegevoegde waarde in Afrika was groter dan in Amerika (3,5%), in Europa (3,4%) en in Oceanië (3,2%); maar minder dan in Azië (5,5%).

Subregio's. De toegevoegde waarde van Afrika in de jaren 1970 bestond uit: West-Afrika (42,9%), Noord-Afrika (22,4%), Zuidelijk Afrika (13,6%), Oost-Afrika (12,7%) en Centraal-Afrika (8,4%). De toegevoegde waarde per hoofd van de bevolking in subregio's: Zuidelijk Afrika ($1.220,6), West-Afrika ($914,0), Noord-Afrika ($588,7), Centraal-Afrika ($470,6) en Oost-Afrika ($268,1). De groei van de toegevoegde waarde in subregio's: Noord-Afrika (6,7%), West-Afrika (6,1%), Oost-Afrika (3,1%), Zuidelijk Afrika (2,7%) en Centraal-Afrika (1,4%).

Leiders. De toegevoegde waarde van Afrika in de jaren 1970 bestond uit: Nigeria (35,0%), Zuid-Afrika (12,9%), Algerije (6,1%), Libië (5,3%), Egypte (4,8%), en andere (35,9%). De toegevoegde waarde per hoofd in Afrika onder de leiders: Libië ($5.170,7), Nigeria ($1.411,1), Zuid-Afrika ($1.313,8), Algerije ($947,5) en Egypte ($318,1). De groei van de toegevoegde waarde onder de leiders: Egypte (7,9%), Libië (7,5%), Nigeria (7,0%), Algerije (5,4%) en Zuid-Afrika (2,6%).

de jaren 1980

De toegevoegde waarde van Afrika bedroeg in de jaren 1980 US$513,9 miljard per jaar, en was vergelijkbaar met Zuid-Amerika (US$526,2 miljard). Het aandeel in de wereld was 3,5%.

De totale toegevoegde waarde van Afrika bestond uit: industrie (30,4%), diensten (24,8%), landbouw (16,8%), handel (12,8%), transport (9,5%) en constructie (5,6%).

De toegevoegde waarde per hoofd in Afrika was $948,7 in de jaren 1980s. De toegevoegde waarde per hoofd in Afrika was in 3,2 keer lager dan de toegevoegde waarde per hoofd van de bevolking in de wereld ($3.029,9).

De groei van de toegevoegde waarde in Afrika bedroeg 1.2% in de jaren 1980. De groei van de toegevoegde waarde in Afrika (1,2%) was minder dan de groei van de toegevoegde waarde in de wereld (2,9%).

Vergelijking met regio's. De toegevoegde waarde van Afrika was groter dan in Oceanië (US$242,8 miljard); maar minder dan in Amerika (US$5,4 biljoen), in Europa (US$5,1 biljoen) en in Azië (US$3,4 biljoen). De toegevoegde waarde per hoofd in Afrika was minder dan in Oceanië (US$9,8 duizend), in Amerika (US$8,2 duizend), in Europa (US$6,6 duizend) en in Azië (US$1.191,9). De groei van de toegevoegde waarde in Afrika was minder dan in Azië (4,3%), in Oceanië (3,4%), in Amerika (2,7%) en in Europa (2,6%).

Subregio's. De toegevoegde waarde van Afrika in de jaren 1980 bestond uit: West-Afrika (38,8%), Noord-Afrika (26,6%), Zuidelijk Afrika (15,6%), Oost-Afrika (11,4%) en Centraal-Afrika (7,5%). De toegevoegde waarde per hoofd van de bevolking in subregio's: Zuidelijk Afrika ($2.186,7), West-Afrika ($1.278,1), Noord-Afrika ($1.084,0), Centraal-Afrika ($640,6) en Oost-Afrika ($361,3). De groei van de toegevoegde waarde in subregio's: Oost-Afrika (2,9%), Zuidelijk Afrika (2,5%), Centraal-Afrika (2,4%), Noord-Afrika (1,4%) en West-Afrika (-0,53%).

Leiders. De toegevoegde waarde van Afrika in de jaren 1980 bestond uit: Nigeria (31,2%), Zuid-Afrika (14,8%), Algerije (10,0%), Libië (5,8%), Egypte (4,3%), en andere (34,0%). De toegevoegde waarde per hoofd in Afrika onder de leiders: Libië ($7.814,5), Zuid-Afrika ($2.354,2), Algerije ($2.317,3), Nigeria ($1.937,3) en Egypte ($447,6). De groei van de toegevoegde waarde onder de leiders: Egypte

(6,7%), Algerije (2,5%), Zuid-Afrika (2,3%), Nigeria (-0,0097%) en Libië (-4,5%).

de jaren 1990

De toegevoegde waarde van Afrika bedroeg in de jaren 1990 US$561,8 miljard per jaar, en was vergelijkbaar met Zuidoost-Azië (US$570,7 miljard), Canada (US$571,5 miljard), Zuid-Azië (US$550,8 miljard). Het aandeel in de wereld was 2,1%.

De totale toegevoegde waarde van Afrika bestond uit: industrie (28,1%), diensten (27,5%), landbouw (17,0%), handel (15,2%), transport (8,0%) en constructie (4,4%).

De toegevoegde waarde per hoofd in Afrika was $793,2 in de jaren 1990s, en was vergelijkbaar met Honduras (US$789,6), Ivoorkust (US$789,1), Kameroen (US$783,0). De toegevoegde waarde per hoofd in Afrika was in 6,1 keer lager dan de toegevoegde waarde per hoofd van de bevolking in de wereld ($4.799,9).

De groei van de toegevoegde waarde in Afrika bedroeg 2.3% in de jaren 1990, en was vergelijkbaar met Togo (2,2%), Jamaica (2,3%), Canada (2,3%). De groei van de toegevoegde waarde in Afrika (2,3%) was minder dan de groei van de toegevoegde waarde in de wereld (2,7%).

Vergelijking met regio's. De toegevoegde waarde van Afrika was groter dan in Oceanië (US$411,7 miljard); maar minder dan in Amerika (US$9,9 biljoen), in Europa (US$8,9 biljoen) en in Azië (US$7,6 biljoen). De toegevoegde waarde per hoofd in Afrika was minder dan in Oceanië (US$14,2 duizend), in Amerika (US$12,8 duizend), in Europa (US$12,3 duizend) en in Azië (US$2,2 duizend). De groei van de toegevoegde waarde in Afrika was groter dan in Europa (1,3%); maar minder dan in Azië (4,6%), in Oceanië (3,3%) en in Amerika (2,8%).

Subregio's. De toegevoegde waarde van Afrika in de jaren 1990 bestond uit: Noord-Afrika (36,0%), Zuidelijk Afrika (24,4%), West-Afrika (19,5%), Oost-Afrika (12,0%) en Centraal-Afrika (8,1%). De toegevoegde waarde per hoofd van de bevolking in subregio's: Zuidelijk Afrika ($2.940,0), Noord-Afrika ($1.265,9), Centraal-Afrika ($552,7), West-Afrika ($539,3) en Oost-Afrika ($311,3). De groei van de toegevoegde waarde in subregio's: Noord-Afrika (3,1%), Oost-Afrika (2,9%), West-Afrika (2,5%), Zuidelijk Afrika (1,5%) en Centraal-Afrika (-0,78%).

Leiders. De toegevoegde waarde van Afrika in de jaren 1990 bestond uit: Zuid-Afrika (22,7%), Egypte (10,6%), Nigeria (9,8%), Algerije (8,3%), Libië (6,4%), en andere (42,3%). De toegevoegde waarde per hoofd in Afrika onder de leiders: Libië ($7.353,2), Zuid-Afrika ($3.123,4), Algerije ($1.635,1), Egypte ($959,7) en Nigeria ($516,7). De groei van de toegevoegde waarde onder de leiders: Egypte (4,1%), Nigeria (2,2%), Algerije (1,9%), Libië (1,6%) en Zuid-Afrika (1,3%).

de jaren 2000

De toegevoegde waarde van Afrika bedroeg in de jaren 2000 US$1,1 biljoen per jaar. Het aandeel in de wereld was 2,4%.

De totale toegevoegde waarde van Afrika bestond uit: industrie (30,2%), diensten (27,0%), landbouw (15,6%), handel (14,1%), vervoer (8,5%) en bouw (4,6%).

De toegevoegde waarde per hoofd in Afrika was $1.165,9 in de jaren 2000s, en was vergelijkbaar met Mongolië (US$1.161,7). De toegevoegde waarde per hoofd in Afrika was in 5,8 keer lager dan de toegevoegde waarde per hoofd van de bevolking in de wereld ($6.818,0).

De groei van de toegevoegde waarde in Afrika bedroeg 4.9% in de jaren 2000, en was vergelijkbaar met Burkina Faso (4,9%), Liberia (4,9%), Indonesië (4,9%). De groei van de toegevoegde waarde in Afrika (4,9%) was groter dan de groei van de toegevoegde waarde in de wereld (2,9%).

Vergelijking met regio's. De toegevoegde waarde van Afrika was groter dan in Oceanië (US$768,7 miljard); maar minder dan in Amerika (US$16,4 biljoen), in Europa (US$13,8 biljoen) en in Azië (US$12,3 biljoen). De toegevoegde waarde per hoofd in Afrika was minder dan in Oceanië (US$23,1 duizend), in Europa (US$18,9 duizend), in Amerika (US$18,6 duizend) en in Azië (US$3,1 duizend). De groei van de toegevoegde waarde in Afrika was groter dan in Oceanië (3,0%), in Amerika (1,9%) en in Europa (1,7%); maar minder dan in Azië (5,1%).

Subregio's. De toegevoegde waarde van Afrika in de jaren 2000 bestond uit: Noord-Afrika (35,1%), West-Afrika (24,6%), Zuidelijk Afrika (20,4%), Oost-Afrika (10,7%) en Centraal-Afrika (9,3%). De toegevoegde waarde per hoofd van de bevolking in subregio's: Zuidelijk Afrika ($3.957,4), Noord-Afrika ($1.947,7), West-Afrika ($979,0), Centraal-Afrika ($886,2) en Oost-Afrika ($395,5). De groei van de toegevoegde waarde in subregio's: Centraal-Afrika (6,2%), West-Afrika (5,7%), Oost-Afrika (5,2%), Noord-Afrika (4,6%) en Zuidelijk Afrika (3,5%).

Leiders. De toegevoegde waarde van Afrika in de jaren 2000 bestond uit: Zuid-Afrika (18,7%), Nigeria (16,8%), Egypte (10,0%), Algerije (9,0%), Marokko (5,3%), en andere (40,1%). De toegevoegde waarde per hoofd in Afrika onder de leiders: Zuid-Afrika ($4.153,6), Algerije ($2.888,4), Marokko ($1.855,6), Egypte ($1.407,5) en Nigeria ($1.293,0). De groei van de toegevoegde waarde onder de leiders: Nigeria (7,6%), Marokko (5,2%), Egypte (4,7%), Algerije (3,8%) en Zuid-Afrika (3,5%).

de jaren 2010

De toegevoegde waarde van Afrika bedroeg in de jaren 2010 US$2,2 biljoen per jaar. Het aandeel in de wereld was 3,0%.

De totale toegevoegde waarde van Afrika bestond uit: diensten (28,0%), industrie (25,9%), landbouw (15,6%), handel (15,5%), vervoer (9,2%) en bouw (5,8%).

De toegevoegde waarde per hoofd in Afrika was $1.886,4 in de jaren 2010s, en was vergelijkbaar met de Salomonseilanden (US$1.881,1), Ghana (US$1.897,8), Oezbekistan (US$1.899,4). De toegevoegde waarde per hoofd in Afrika was in 5,4 keer lager dan de toegevoegde waarde per hoofd van de bevolking in de wereld ($10.094,6).

De groei van de toegevoegde waarde in Afrika bedroeg 2.7% in de jaren 2010, en was vergelijkbaar met Noord-Macedonië (2,7%), Gambia (2,7%). De groei van de toegevoegde waarde in Afrika (2,7%) was minder dan de groei van de toegevoegde waarde in de wereld (3,1%).

Vergelijking met regio's. De toegevoegde waarde van Afrika was 42,5% groter dan in Oceanië (US$1,5 biljoen); maar 12,1 keer minder dan in Azië (US$26,7 biljoen), 11,2 keer minder dan in Amerika (US$24,8 biljoen) en 8,5 keer minder dan in Europa (US$18,8 biljoen). De toegevoegde waarde per hoofd in Afrika was 20,9 keer minder dan in Oceanië (US$39,4 duizend), 13,5 keer minder dan in Amerika (US$25,4 duizend), 13,4 keer minder dan in Europa (US$25,3 duizend) en 3,2 keer minder dan in Azië (US$6,1 duizend). De groei van de toegevoegde waarde in Afrika was groter dan in Oceanië (2,5%), in Amerika (2,1%) en in Europa (1,6%); maar minder dan in Azië (5,3%).

Subregio's. De toegevoegde waarde van Afrika in de jaren 2010 bestond uit: Noord-Afrika (31,4%), West-Afrika (28,6%), Zuidelijk Afrika (16,1%), Oost-Afrika (13,2%) en Centraal-Afrika (10,8%). De toegevoegde waarde per hoofd van de bevolking in subregio's: Zuidelijk Afrika ($5.665,2), Noord-Afrika ($3.122,9), West-Afrika ($1.809,1), Centraal-Afrika ($1.560,1) en Oost-Afrika ($758,6). De groei van de toegevoegde waarde in subregio's: Oost-Afrika (6,2%), West-Afrika (3,2%), Centraal-Afrika (2,9%), Zuidelijk Afrika (1,9%) en Noord-Afrika (1,3%).

Leiders. De toegevoegde waarde van Afrika in de jaren 2010 bestond uit: Nigeria (20,2%), Zuid-Afrika (14,6%), Egypte (11,9%), Algerije (8,1%), Angola (5,2%), en andere (40,0%). De toegevoegde waarde per hoofd in Afrika onder de leiders: Zuid-Afrika ($5.863,1), Algerije ($4.508,0), Angola ($4.141,2), Egypte ($2.878,4) en Nigeria ($2.482,7). De groei van de toegevoegde waarde onder de leiders: Nigeria (3,6%), Egypte (3,4%), Algerije (2,9%), Angola (2,4%) en Zuid-Afrika (1,7%).

Hoofdstuk III. Bruto nationaal inkomen

Het BNI van Afrika steeg van US$259,5 miljard per jaar in de jaren 1970 tot US$2,2 biljoen per jaar in de jaren 2010, dat wil zeggen met US$2,0 biljoen of 8,6 keer. De verandering vond plaats op US$1,3 biljoen als gevolg van een 2,5-voudige stijging van de prijzen, en ook op US$163,0 miljard als gevolg van een 1,2-voudige toename van de productiviteit , evenals op US$479,3 miljard als gevolg van de toename van de bevolking. De gemiddelde jaarlijkse groei van het BNI is 3,3%. De minimumwaarde van het bruto nationaal inkomen bedroeg US$112,8 miljard in 1970. De maximumwaarde van het bruto nationaal inkomen bedroeg US$2,5 biljoen in 2014.

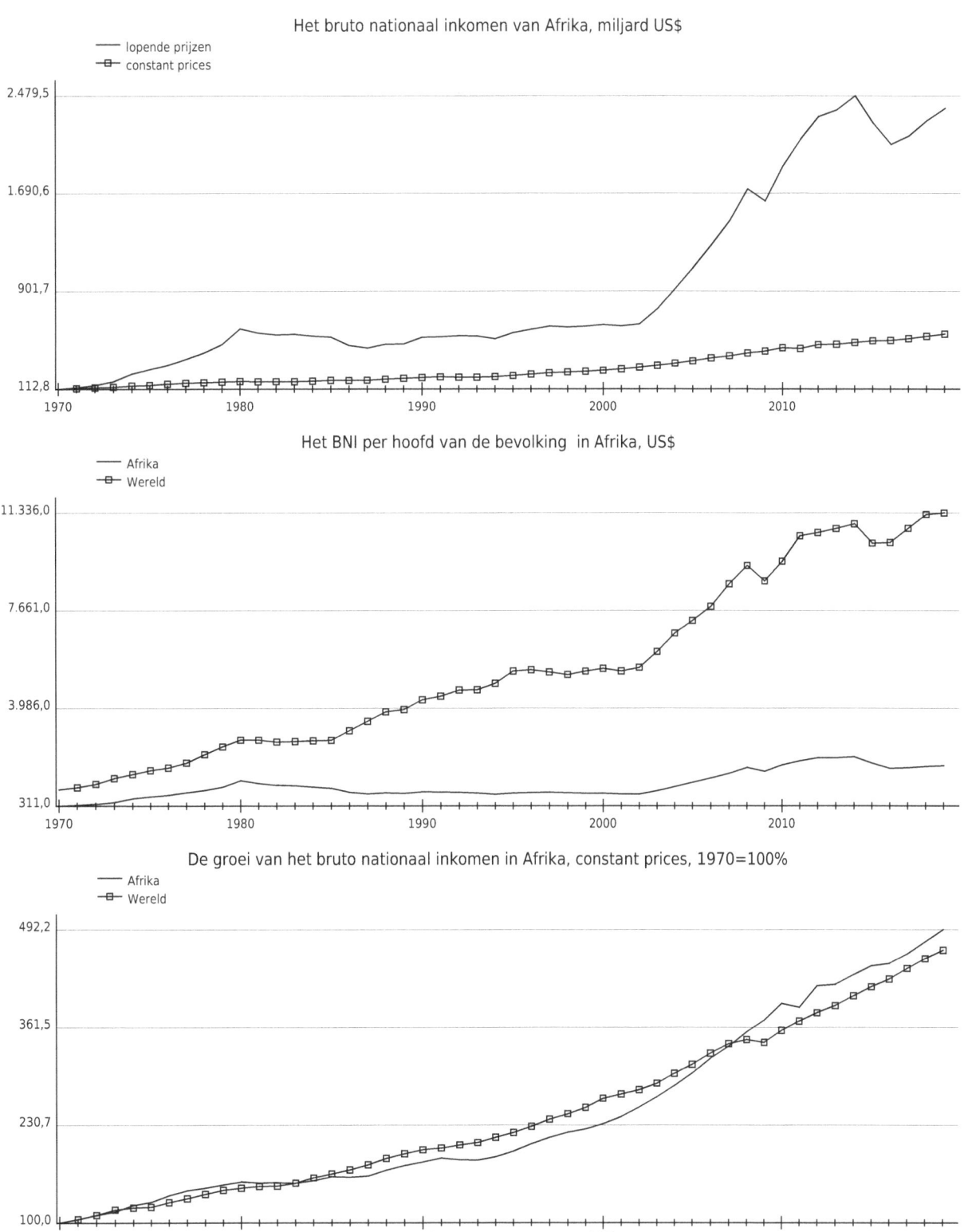

Het bruto nationaal inkomen van Afrika, miljard US$

Het BNI per hoofd van de bevolking in Afrika, US$

De groei van het bruto nationaal inkomen in Afrika, constant prices, 1970=100%

de jaren 1970

Het BNI van Afrika bedroeg in de jaren 1970 US$259,5 miljard per jaar, en was vergelijkbaar met het Verenigd Koninkrijk (US$255,7 miljard). Het aandeel in de wereld was 4,0%.

Het bruto nationaal inkomen per hoofd in Afrika was $632,4 in de jaren 1970s, en was vergelijkbaar met Peru (US$630,7), Irak (US$625,9), Papoea-Nieuw-Guinea (US$642,1). Het bruto nationaal inkomen per hoofd in Afrika was in 2,6 keer lager dan het bruto nationaal inkomen per hoofd van de bevolking in de wereld ($1.624,3).

De groei van het BNI in Afrika bedroeg 4.7% in de jaren 1970, en was vergelijkbaar met El Salvador (4,7%), Vietnam (4,7%), Japan (4,7%). De groei van het bruto nationaal inkomen in Afrika (4,7%) was groter dan de groei van het BNI in de wereld (4,1%).

Vergelijking met regio's. Het BNI van Afrika was groter dan in Oceanië (US$113,8 miljard); maar minder dan in Europa (US$2,7 biljoen), in Amerika (US$2,3 biljoen) en in Azië (US$1,2 biljoen). Het BNI per hoofd in Afrika was groter dan in Azië (US$529,4); maar minder dan in Oceanië (US$5,3 duizend), in Amerika (US$4,0 duizend) en in Europa (US$3,7 duizend). De groei van het bruto nationaal inkomen in Afrika was groter dan in Amerika (4,0%), in Europa (3,6%) en in Oceanië (2,8%); maar minder dan in Azië (5,5%).

Subregio's. Het BNI van Afrika in de jaren 1970 bestond uit: West-Afrika (43,1%), Noord-Afrika (22,5%), Zuidelijk Afrika (13,4%), Oost-Afrika (12,8%) en Centraal-Afrika (8,1%). Het bruto nationaal inkomen per hoofd van de bevolking in subregio's: Zuidelijk Afrika ($1.235,7), West-Afrika ($938,0), Noord-Afrika ($605,9), Centraal-Afrika ($463,7) en Oost-Afrika ($275,2). De groei van het bruto nationaal inkomen in subregio's: Noord-Afrika (7,0%), West-Afrika (5,1%), Zuidelijk Afrika (3,1%), Oost-Afrika (2,8%) en Centraal-Afrika (1,6%).

Leiders. Het bruto nationaal inkomen van Afrika in de jaren 1970 bestond uit: Nigeria (35,5%), Zuid-Afrika (12,8%), Algerije (5,8%), Egypte (5,2%), Libië (4,8%), en andere (35,9%). Het BNI per hoofd in Afrika onder de leiders: Libië ($4.765,4), Nigeria ($1.460,0), Zuid-Afrika ($1.333,1), Algerije ($919,0) en Egypte ($353,8). De groei van het BNI onder de leiders: Libië (9,4%), Egypte (7,3%), Algerije (6,4%), Nigeria (5,4%) en Zuid-Afrika (3,0%).

de jaren 1980

Het bruto nationaal inkomen van Afrika bedroeg in de jaren 1980 US$518,8 miljard per jaar, en was vergelijkbaar met Zuid-Amerika (US$508,2 miljard). Het aandeel in de wereld was 3,4%.

Het bruto nationaal inkomen per hoofd in Afrika was $957,8 in de jaren 1980s, en was vergelijkbaar met Swaziland (US$949,4), Honduras (US$949,0), Vanuatu (US$969,0). Het BNI per hoofd in Afrika was in 3,3 keer lager dan het bruto nationaal inkomen per hoofd van de bevolking in de wereld ($3.117,1).

De groei van het BNI in Afrika bedroeg 1.6% in de jaren 1980. De groei van het bruto nationaal inkomen in Afrika (1,6%) was minder dan de groei van het BNI in de wereld (3,0%).

Vergelijking met regio's. Het BNI van Afrika was groter dan in Oceanië (US$251,2 miljard); maar minder dan in Europa (US$5,5 biljoen), in Amerika (US$5,3 biljoen) en in Azië (US$3,5 biljoen). Het BNI per hoofd in Afrika was minder dan in Oceanië (US$10,1 duizend), in Amerika (US$8,1 duizend), in Europa (US$7,1 duizend) en in Azië (US$1.233,8). De groei van het BNI in Afrika was minder dan in Azië (4,6%), in Oceanië (2,9%), in Amerika (2,8%) en in Europa (2,4%).

Subregio's. Het bruto nationaal inkomen van Afrika in de jaren 1980 bestond uit: West-Afrika (38,0%), Noord-Afrika (26,8%), Zuidelijk Afrika (16,0%), Oost-Afrika (12,0%) en Centraal-Afrika (7,2%). Het BNI per hoofd van de bevolking in subregio's: Zuidelijk Afrika ($2.264,2), West-Afrika ($1.261,1), Noord-Afrika ($1.103,8), Centraal-Afrika ($621,8) en Oost-Afrika ($382,0). De groei van het BNI in subregio's: Oost-Afrika (3,0%), Zuidelijk Afrika (2,5%), Centraal-Afrika (2,1%), Noord-Afrika (2,1%) en West-Afrika (-0,19%).

Leiders. Het BNI van Afrika in de jaren 1980 bestond uit: Nigeria (30,6%), Zuid-Afrika (15,2%), Algerije (10,0%), Libië (5,5%), Egypte (4,3%), en andere (34,5%). Het bruto nationaal inkomen per hoofd in Afrika onder de leiders: Libië ($7.511,4), Zuid-Afrika ($2.439,2), Algerije ($2.341,4), Nigeria ($1.918,7) en Egypte ($453,6). De groei van het BNI onder de leiders: Egypte (6,5%), Algerije (2,8%), Zuid-Afrika (2,3%), Nigeria (-0,79%) en Libië (-2,3%).

de jaren 1990

Het BNI van Afrika bedroeg in de jaren 1990 US$566,5 miljard per jaar, en was vergelijkbaar met Zuidoost-Azië (US$562,2 miljard). Het aandeel in de wereld was 2,0%.

Het BNI per hoofd in Afrika was $799,7 in de jaren 1990s, en was vergelijkbaar met Sri Lanka (US$786,9), Honduras (US$785,1), Senegal (US$782,4). Het bruto nationaal inkomen per hoofd in Afrika was in 6,2 keer lager dan het bruto nationaal inkomen per hoofd van de bevolking in de wereld ($4.991,4).

De groei van het bruto nationaal inkomen in Afrika bedroeg 2.5% in de jaren 1990, en was vergelijkbaar met El Salvador (2,5%), IJsland (2,5%). De groei van het BNI in Afrika (2,5%) was minder dan de groei van het BNI in de wereld (2,8%).

Vergelijking met regio's. Het bruto nationaal inkomen van Afrika was groter dan in Oceanië (US$429,8 miljard); maar minder dan in Amerika (US$9,9 biljoen), in Europa (US$9,8 biljoen) en in Azië (US$7,8 biljoen). Het bruto nationaal inkomen per hoofd in Afrika was minder dan in Oceanië (US$14,9 duizend), in Europa (US$13,4 duizend), in Amerika (US$12,8 duizend) en in Azië (US$2,3 duizend). De groei van het bruto nationaal inkomen in Afrika was groter dan in Europa (1,3%); maar minder dan in Azië (4,6%), in Oceanië (3,3%) en in Amerika (3,2%).

Subregio's. Het BNI van Afrika in de jaren 1990 bestond uit: Noord-Afrika (36,4%), Zuidelijk Afrika (25,7%), West-Afrika (18,7%), Oost-Afrika (12,3%) en Centraal-Afrika (7,0%). Het bruto nationaal inkomen per hoofd van de bevolking in subregio's: Zuidelijk Afrika ($3.114,7), Noord-Afrika ($1.289,8), West-Afrika ($519,6), Centraal-Afrika ($481,8) en Oost-Afrika ($323,0). De groei van het bruto nationaal inkomen in subregio's: Noord-Afrika (3,4%), Oost-Afrika (2,9%), West-Afrika (2,7%), Zuidelijk Afrika (1,7%) en Centraal-Afrika (-0,91%).

Leiders. Het BNI van Afrika in de jaren 1990 bestond uit: Zuid-Afrika (23,8%), Egypte (11,1%), Nigeria (9,1%), Algerije (8,2%), Marokko (6,3%), en andere (41,6%). Het bruto nationaal inkomen per hoofd in Afrika onder de leiders: Zuid-Afrika ($3.298,2), Algerije ($1.634,8), Marokko ($1.343,1), Egypte ($1.015,4) en Nigeria ($481,1). De groei van het bruto nationaal inkomen onder de leiders: Egypte (5,2%), Marokko (2,9%), Nigeria (2,3%), Zuid-Afrika (1,5%) en Algerije (1,4%).

de jaren 2000

Het bruto nationaal inkomen van Afrika bedroeg in de jaren 2000 US$1,1 biljoen per jaar, en was vergelijkbaar met Spanje (US$1,1 biljoen), Canada (US$1,1 biljoen). Het aandeel in de wereld was 2,3%.

Het bruto nationaal inkomen per hoofd in Afrika was $1.185,1 in de jaren 2000s, en was vergelijkbaar met de Comoren (US$1.159,3), Bolivia (US$1.157,3). Het BNI per hoofd in Afrika was in 6,0 keer lager dan het bruto nationaal inkomen per hoofd van de bevolking in de wereld ($7.165,2).

De groei van het BNI in Afrika bedroeg 5.1% in de jaren 2000, en was vergelijkbaar met Litouwen (5,0%), Ecuador (5,1%), de Filipijnen (5,1%). De groei van het BNI in Afrika (5,1%) was groter dan de groei van het BNI in de wereld (3,0%).

Vergelijking met regio's. Het bruto nationaal inkomen van Afrika was groter dan in Oceanië (US$800,3 miljard); maar minder dan in Amerika (US$16,7 biljoen), in Europa (US$15,4 biljoen) en in Azië (US$12,6 biljoen). Het bruto nationaal inkomen per hoofd in Afrika was minder dan in Oceanië (US$24,0 duizend), in Europa (US$21,1 duizend), in Amerika (US$19,0 duizend) en in Azië (US$3,2 duizend). De groei van het BNI in Afrika was groter dan in Oceanië (2,9%), in Amerika (2,1%) en in Europa (1,8%); maar minder dan in Azië (5,3%).

Subregio's. Het bruto nationaal inkomen van Afrika in de jaren 2000 bestond uit: Noord-Afrika (35,4%), West-Afrika (23,7%), Zuidelijk Afrika (21,6%), Oost-Afrika (11,2%) en Centraal-Afrika (8,2%). Het BNI per hoofd van de bevolking in subregio's: Zuidelijk Afrika ($4.260,3), Noord-Afrika ($1.995,7), West-Afrika ($959,5), Centraal-Afrika ($791,4) en Oost-Afrika ($421,7). De groei van het bruto nationaal inkomen in subregio's: Centraal-Afrika (6,6%), Oost-Afrika (5,8%), West-Afrika (5,6%), Noord-Afrika (4,9%) en Zuidelijk Afrika (3,8%).

Leiders. Het BNI van Afrika in de jaren 2000 bestond uit: Zuid-Afrika (19,9%), Nigeria (15,7%), Egypte (10,4%), Algerije (8,9%), Marokko (5,8%), en andere (39,3%). Het BNI per hoofd in Afrika onder de leiders: Zuid-Afrika ($4.480,4), Algerije ($2.900,1), Marokko ($2.057,7), Egypte ($1.491,7) en Nigeria ($1.229,8). De groei van het bruto nationaal inkomen onder de leiders: Nigeria (7,5%), Marokko (5,2%), Egypte (5,0%), Algerije (4,3%) en Zuid-Afrika (3,7%).

de jaren 2010

Het bruto nationaal inkomen van Afrika bedroeg in de jaren 2010 US$2,2 biljoen per jaar, en was vergelijkbaar met India (US$2,2 biljoen). Het aandeel in de wereld was 2,9%.

Het bruto nationaal inkomen per hoofd in Afrika was $1.913,3 in de jaren 2010s, en was vergelijkbaar met Laos (US$1.929,9), Vietnam (US$1.942,0). Het BNI per hoofd in Afrika was in 5,5 keer lager dan het bruto nationaal inkomen per hoofd van de bevolking in de wereld ($10.611,7).

De groei van het bruto nationaal inkomen in Afrika bedroeg 2.9% in de jaren 2010, en was vergelijkbaar met Slowakije (2,9%). De groei van het bruto nationaal inkomen in Afrika (2,9%) was minder dan de groei van het bruto nationaal inkomen in de wereld (3,1%).

Vergelijking met regio's. Het BNI van Afrika was 38,7% groter dan in Oceanië (US$1,6 biljoen); maar 12,3 keer minder dan in Azië (US$27,5 biljoen), 11,4 keer minder dan in Amerika (US$25,6 biljoen) en 9,4 keer minder dan in Europa (US$20,9 biljoen). Het BNI per hoofd in Afrika was 21,5 keer minder dan in Oceanië (US$41,1 duizend), 14,7 keer minder dan in Europa (US$28,1 duizend), 13,7 keer minder dan in Amerika (US$26,3 duizend) en 3,3 keer minder dan in Azië (US$6,2 duizend). De groei van het bruto nationaal inkomen in Afrika was groter dan in Oceanië (2,7%), in Amerika (2,3%) en in Europa (1,6%); maar minder dan in Azië (5,2%).

Subregio's. Het bruto nationaal inkomen van Afrika in de jaren 2010 bestond uit: Noord-Afrika (31,3%), West-Afrika (27,6%), Zuidelijk Afrika (17,1%), Oost-Afrika (13,9%) en Centraal-Afrika (10,1%). Het bruto nationaal inkomen per hoofd van de bevolking in subregio's: Zuidelijk Afrika ($6.123,0), Noord-Afrika ($3.156,9), West-Afrika ($1.773,8), Centraal-Afrika ($1.483,3) en Oost-Afrika ($808,7). De groei van het BNI in subregio's: Oost-Afrika (5,9%), West-Afrika (3,6%), Centraal-Afrika (3,5%), Zuidelijk Afrika (1,8%) en Noord-Afrika (1,6%).

Leiders. Het BNI van Afrika in de jaren 2010 bestond uit: Nigeria (18,9%), Zuid-Afrika (15,6%), Egypte (11,7%), Algerije (8,1%), Angola (4,7%), en andere (41,0%). Het BNI per hoofd in Afrika onder de leiders: Zuid-Afrika ($6.356,5), Algerije ($4.594,5), Angola ($3.838,0), Egypte ($2.852,5) en Nigeria ($2.357,5). De groei van het BNI onder de leiders: Nigeria (3,7%), Egypte (3,5%), Angola (2,7%), Algerije (2,6%) en Zuid-Afrika (1,6%).

Part II. Structuur

de jaren 2010
landbouw   15,6%
industrie   25,9%
constructie   5,8%
handel   15,5%
vervoer   9,2%
diensten   28,0%

Hoofdstuk IV. Landbouw

Landbouw, jacht, bosbouw, vissen (ISIC A-B)

De toegevoegde waarde van de landbouw in Afrika steeg van US$46,1 miljard per jaar in de jaren 1970 tot US$343,8 miljard per jaar in de jaren 2010, dat wil zeggen met US$297,7 miljard of 7,5 keer. De verandering vond plaats op US$173,5 miljard als gevolg van een 2,0-voudige stijging van de prijzen, en ook op US$39,1 miljard als gevolg van een 1,3-voudige toename van de productiviteit , evenals op US$85,1 miljard als gevolg van de toename van de bevolking. De gemiddelde jaarlijkse groei van de landbouw is 3,2%. De minimumwaarde van de landbouw bedroeg US$23,4 miljard in 1970. De maximumwaarde van de landbouw bedroeg US$385,2 miljard in 2019.

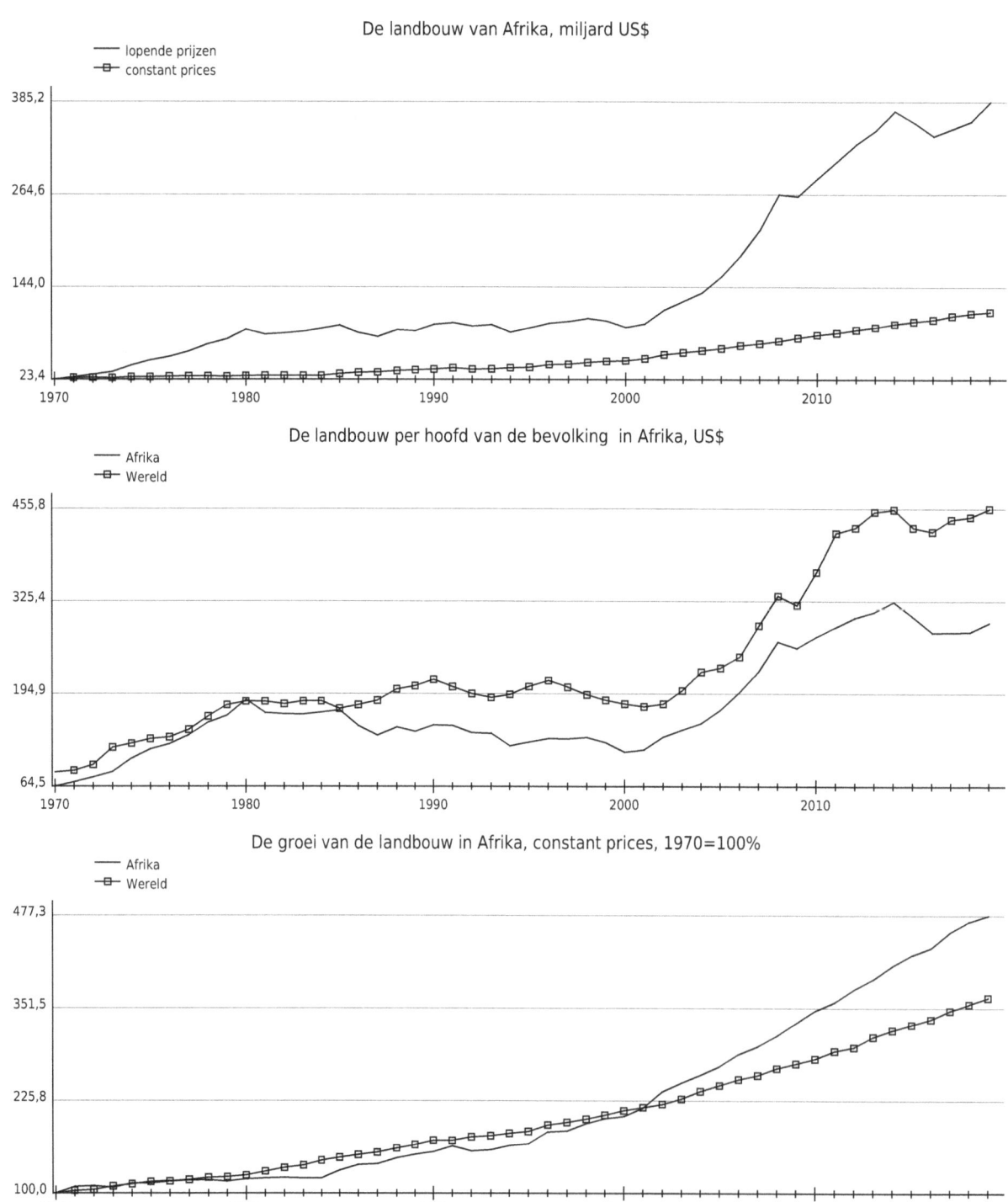

De landbouw van Afrika, miljard US$

De landbouw per hoofd van de bevolking in Afrika, US$

De groei van de landbouw in Afrika, constant prices, 1970=100%

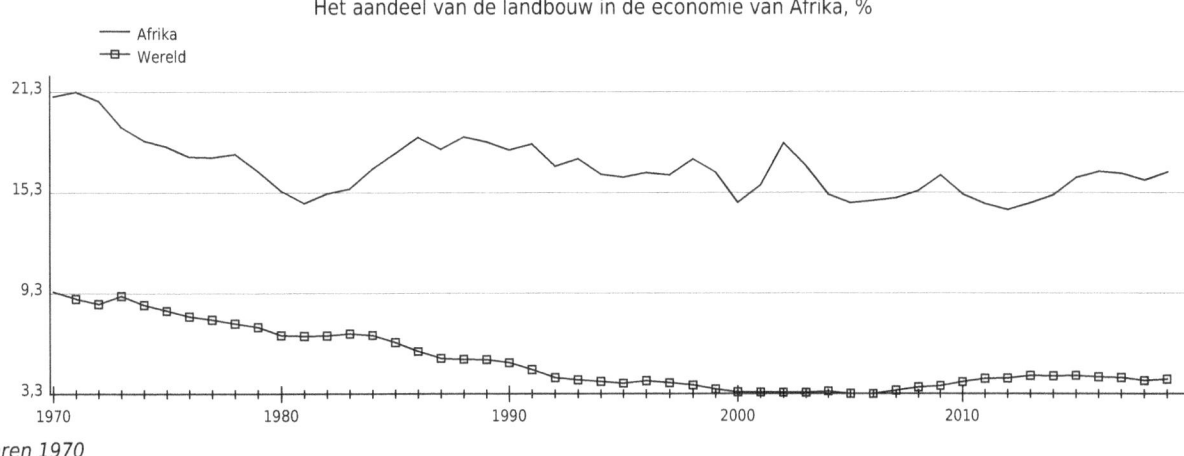

Het aandeel van de landbouw in de economie van Afrika, %

de jaren 1970

De sector van de landbouw in Afrika bedroeg in de jaren 1970 US$46,1 miljard per jaar. Het aandeel in de wereld was 8,9%.

Het aandeel van de landbouw in de economie van Afrika was 18,1% in de jaren 1970, en was vergelijkbaar met Paraguay (18,1%), Guinee (18,1%), Papoea-Nieuw-Guinea (18,0%).

De landbouw per hoofd in Afrika was $112,2 in de jaren 1970s, en was vergelijkbaar met El Salvador (US$112,9), Venezuela (US$114,0), Iran (US$114,3). De landbouw per hoofd in Afrika was 12,1% lager dan de landbouw per hoofd van de bevolking in de wereld ($127,6).

De groei van de landbouw in Afrika bedroeg 1.7% in de jaren 1970, en was vergelijkbaar met Turkije (1,7%). De groei van de landbouw in Afrika (1,7%) was minder dan de groei van de landbouw in de wereld (2,2%).

Vergelijking met regio's. De waarde van de landbouw in Afrika was groter dan in Oceanië (US$8,1 miljard); maar minder dan in Europa (US$194,6 miljard), in Azië (US$178,2 miljard) en in Amerika (US$88,5 miljard). De waarde van de landbouw per hoofd in Afrika was groter dan in Azië (US$76,7); maar minder dan in Oceanië (US$377,5), in Europa (US$268,3) en in Amerika (US$158,1). De groei van de landbouw in Afrika was minder dan in Europa (3,3%), in Oceanië (2,4%), in Azië (2,0%) en in Amerika (1,9%).

Subregio's. De toegevoegde waarde van de landbouw in Afrika in de jaren 1970 bestond uit: West-Afrika (43,8%), Oost-Afrika (22,6%), Noord-Afrika (18,9%), Centraal-Afrika (9,1%) en Zuidelijk Afrika (5,6%). Het aandeel van de landbouw in de economie van subregio's: Oost-Afrika (32,2%), Centraal-Afrika (19,6%), West-Afrika (18,5%), Noord-Afrika (15,3%) en Zuidelijk Afrika (7,4%). De landbouw per hoofd van de bevolking in subregio's: West-Afrika ($169,1), Centraal-Afrika ($92,1), Zuidelijk Afrika ($90,9), Noord-Afrika ($90,2) en Oost-Afrika ($86,3). De groei van de landbouw in subregio's: Zuidelijk Afrika (3,9%), Noord-Afrika (2,2%), Oost-Afrika (2,0%), Centraal-Afrika (1,6%) en West-Afrika (0,69%).

Leiders. De waarde van de landbouw in Afrika in de jaren 1970 bestond uit: Nigeria (29,5%), Egypte (7,4%), Zuid-Afrika (5,0%), Congo-Kinshasa (4,7%), Ghana (4,3%), en andere (49,0%). Het aandeel van de landbouw in economie van de leiders: Ghana (38,4%), Egypte (28,1%), Congo-Kinshasa (23,5%), Nigeria (15,3%) en Zuid-Afrika (7,0%). De sector van de landbouw per hoofd in Afrika onder de leiders: Nigeria ($215,8), Ghana ($203,7), Congo-Kinshasa ($96,0), Zuid-Afrika ($92,5) en Egypte ($89,4). De groei van de landbouw onder de leiders: Zuid-Afrika (3,5%), Egypte (2,4%), Congo-Kinshasa (1,6%), Ghana (1,1%) en Nigeria (-0,069%).

de jaren 1980

De waarde van de landbouw in Afrika bedroeg in de jaren 1980 US$86,2 miljard per jaar. Het aandeel in de wereld was 9,6%.

Het aandeel van de landbouw in de economie van Afrika was 16,8% in de jaren 1980, en was vergelijkbaar met Guatemala (16,7%).

De sector van de landbouw per hoofd in Afrika was $159,2 in de jaren 1980s, en was vergelijkbaar met het Verenigd Koninkrijk (US$159,8), Qatar (US$160,7), Thailand (US$161,5). De toegevoegde waarde van de landbouw per hoofd in Afrika was 14,7% lager dan de landbouw per hoofd van de bevolking in de wereld ($186,6).

De groei van de landbouw in Afrika bedroeg 2.8% in de jaren 1980, en was vergelijkbaar met de Britse Maagdeneilanden (2,7%), de Sovjet-Unie (2,8%), Honduras (2,8%). De groei van de landbouw in Afrika (2,8%) was minder dan de groei van de landbouw in de wereld (3,1%).

Vergelijking met regio's. De waarde van de landbouw in Afrika was groter dan in Oceanië (US$13,5 miljard); maar minder dan in Azië (US$348,3 miljard), in Europa (US$296,5 miljard) en in Amerika (US$157,4 miljard). De sector van de landbouw per hoofd in Afrika was groter dan in Azië (US$122,8); maar minder dan in Oceanië (US$545,9), in Europa (US$386,3) en in Amerika (US$237,6). De groei van de landbouw in Afrika was groter dan in Amerika (2,6%), in Europa (2,1%) en in Oceanië (2,0%); maar minder dan in Azië (3,8%).

Subregio's. De landbouw van Afrika in de jaren 1980 bestond uit: West-Afrika (44,4%), Oost-Afrika (21,6%), Noord-Afrika (20,2%), Centraal-Afrika (8,5%) en Zuidelijk Afrika (5,3%). Het aandeel van de landbouw in de economie van subregio's: Oost-Afrika (31,7%), West-Afrika (19,2%), Centraal-Afrika (19,0%), Noord-Afrika (12,7%) en Zuidelijk Afrika (5,7%). De landbouw per hoofd van de bevolking in subregio's: West-Afrika ($245,3), Noord-Afrika ($137,8), Zuidelijk Afrika ($124,5), Centraal-Afrika ($121,7) en Oost-Afrika ($114,5). De groei van de landbouw in subregio's: Zuidelijk Afrika (3,1%), Noord-Afrika (3,1%), West-Afrika (2,9%), Oost-Afrika (2,6%) en Centraal-Afrika (2,0%).

Leiders. De toegevoegde waarde van de landbouw in Afrika in de jaren 1980 bestond uit: Nigeria (30,2%), Algerije (5,6%), Egypte (5,0%), Zuid-Afrika (4,8%), Ghana (4,0%), en andere (50,4%). Het aandeel van de landbouw in economie van de leiders: Ghana (39,9%), Egypte (19,7%), Nigeria (16,2%), Algerije (9,5%) en Zuid-Afrika (5,4%). De landbouw per hoofd in Afrika onder de leiders: Nigeria ($314,5), Ghana ($271,9), Algerije ($219,4), Zuid-Afrika ($127,4) en Egypte ($88,1). De groei van de landbouw onder de leiders: Algerije (4,7%), Zuid-Afrika (3,6%), Egypte (3,3%), Nigeria (3,1%) en Ghana (0,76%).

de jaren 1990

De waarde van de landbouw in Afrika bedroeg in de jaren 1990 US$95,3 miljard per jaar, en was vergelijkbaar met de Verenigde Staten (US$96,1 miljard). Het aandeel in de wereld was 8,4%.

Het aandeel van de landbouw in de economie van Afrika was 17,0% in de jaren 1990, en was vergelijkbaar met Belize (17,0%), Sri Lanka (17,1%), Jemen (17,1%).

De toegevoegde waarde van de landbouw per hoofd in Afrika was $134,5 in de jaren 1990s, en was vergelijkbaar met Mongolië (US$134,5), Senegal (US$135,9), Zimbabwe (US$135,9). De toegevoegde waarde van de landbouw per hoofd in Afrika was 32,7% lager dan de landbouw per hoofd van de bevolking in de wereld ($199,8).

De groei van de landbouw in Afrika bedroeg 2.8% in de jaren 1990, en was vergelijkbaar met Oost-Afrika (2,8%), India (2,8%). De groei van de landbouw in Afrika (2,8%) was groter dan de groei van de landbouw in de wereld (2,2%).

Vergelijking met regio's. De sector van de landbouw in Afrika was groter dan in Oceanië (US$17,6 miljard); maar minder dan in Azië (US$525,3 miljard), in Europa (US$277,7 miljard) en in Amerika (US$222,9 miljard). De toegevoegde waarde van de landbouw per hoofd in Afrika was minder dan in Oceanië (US$608,8), in Europa (US$382,2), in Amerika (US$288,9) en in Azië (US$151,6). De groei van de landbouw in Afrika was groter dan in Amerika (2,4%) en in Europa (-1,6%); maar minder dan in Oceanië (3,7%) en in Azië (3,2%).

Subregio's. De landbouw van Afrika in de jaren 1990 bestond uit: Noord-Afrika (30,9%), West-Afrika (30,6%), Oost-Afrika (21,6%), Centraal-Afrika (10,8%) en Zuidelijk Afrika (6,1%). Het aandeel van de landbouw in de economie van subregio's: Oost-Afrika (30,6%), West-Afrika (26,6%), Centraal-Afrika (22,7%), Noord-Afrika (14,6%) en Zuidelijk Afrika (4,2%). De landbouw per hoofd van de bevolking in subregio's: Noord-Afrika ($184,3), West-Afrika ($143,3), Centraal-Afrika ($125,3), Zuidelijk Afrika ($124,6) en Oost-Afrika ($95,3). De groei van de landbouw in subregio's: Noord-Afrika (3,8%), West-Afrika (3,0%), Oost-Afrika (2,8%), Centraal-Afrika (0,43%) en Zuidelijk Afrika (-0,15%).

Leiders. De toegevoegde waarde van de landbouw in Afrika in de jaren 1990 bestond uit: Nigeria (14,3%), Egypte (9,8%), Marokko (6,0%), Congo-Kinshasa (5,5%), Algerije (5,5%), en andere (58,9%). Het aandeel van de landbouw in economie van de leiders: Congo-Kinshasa (46,4%), Nigeria (24,7%), Marokko (17,6%), Egypte (15,7%) en Algerije (11,3%). De sector van de landbouw per hoofd in Afrika onder de leiders: Marokko ($215,1), Algerije ($184,2), Egypte ($151,0), Congo-Kinshasa ($129,1) en Nigeria ($127,4). De groei van de landbouw onder de leiders: Nigeria (3,5%), Algerije (3,4%), Egypte (3,2%), Congo-Kinshasa (2,1%) en Marokko (-1,1%).

de jaren 2000

De waarde van de landbouw in Afrika bedroeg in de jaren 2000 US$165,0 miljard per jaar. Het aandeel in de wereld was 10,6%.

Het aandeel van de landbouw in de economie van Afrika was 15,6% in de jaren 2000, en was vergelijkbaar met Centraal-Azië (15,6%).

De sector van de landbouw per hoofd in Afrika was $182,0 in de jaren 2000s, en was vergelijkbaar met Saint Kitts en Nevis (US$179,4),

Guinee-Bissau (US$185,7), de Caraïben (US$178,0). De sector van de landbouw per hoofd in Afrika was 24,3% lager dan de landbouw per hoofd van de bevolking in de wereld ($240,3).

De groei van de landbouw in Afrika bedroeg 5.1% in de jaren 2000, en was vergelijkbaar met Letland (5,1%). De groei van de landbouw in Afrika (5,1%) was groter dan de groei van de landbouw in de wereld (3,0%).

Vergelijking met regio's. De landbouw van Afrika was groter dan in Oceanië (US$26,9 miljard); maar minder dan in Azië (US$800,3 miljard), in Amerika (US$287,7 miljard) en in Europa (US$282,9 miljard). De waarde van de landbouw per hoofd in Afrika was minder dan in Oceanië (US$806,4), in Europa (US$387,0), in Amerika (US$327,5) en in Azië (US$202,4). De groei van de landbouw in Afrika was groter dan in Azië (3,1%), in Amerika (2,7%), in Oceanië (1,5%) en in Europa (1,2%).

Subregio's. De toegevoegde waarde van de landbouw in Afrika in de jaren 2000 bestond uit: West-Afrika (42,3%), Noord-Afrika (28,5%), Oost-Afrika (18,2%), Centraal-Afrika (6,6%) en Zuidelijk Afrika (4,4%). Het aandeel van de landbouw in de economie van subregio's: West-Afrika (26,9%), Oost-Afrika (26,6%), Noord-Afrika (12,7%), Centraal-Afrika (11,0%) en Zuidelijk Afrika (3,3%). De landbouw per hoofd van de bevolking in subregio's: West-Afrika ($263,3), Noord-Afrika ($247,1), Zuidelijk Afrika ($132,3), Oost-Afrika ($105,3) en Centraal-Afrika ($97,8). De groei van de landbouw in subregio's: West-Afrika (7,4%), Noord-Afrika (4,4%), Centraal-Afrika (3,5%), Oost-Afrika (3,3%) en Zuidelijk Afrika (2,3%).

Leiders. De landbouw van Afrika in de jaren 2000 bestond uit: Nigeria (28,9%), Egypte (8,7%), Soedan (7,5%), Algerije (4,9%), Marokko (4,8%), en andere (45,2%). Het aandeel van de landbouw in economie van de leiders: Soedan (35,3%), Nigeria (26,8%), Marokko (14,0%), Egypte (13,6%) en Algerije (8,5%). De waarde van de landbouw per hoofd in Afrika onder de leiders: Nigeria ($346,4), Soedan ($326,8), Marokko ($260,4), Algerije ($245,5) en Egypte ($191,1). De groei van de landbouw onder de leiders: Nigeria (10,1%), Marokko (6,2%), Algerije (5,9%), Soedan (4,5%) en Egypte (3,6%).

de jaren 2010

De waarde van de landbouw in Afrika bedroeg in de jaren 2010 US$343,8 miljard per jaar. Het aandeel in de wereld was 10,8%.

Het aandeel van de landbouw in de economie van Afrika was 15,6% in de jaren 2010, en was vergelijkbaar met Kirgizië (15,6%), Dominica (15,7%), Bhutan (15,5%).

De sector van de landbouw per hoofd in Afrika was $294,3 in de jaren 2010s, en was vergelijkbaar met de Filipijnen (US$292,5), Mali (US$296,2), Bermuda (US$292,2). De landbouw per hoofd in Afrika was 31,9% lager dan de landbouw per hoofd van de bevolking in de wereld ($432,1).

De groei van de landbouw in Afrika bedroeg 3.7% in de jaren 2010, en was vergelijkbaar met Azerbeidzjan (3,7%), Congo-Brazzaville (3,8%), Bangladesh (3,8%). De groei van de landbouw in Afrika (3,7%) was groter dan de groei van de landbouw in de wereld (2,9%).

Vergelijking met regio's. De toegevoegde waarde van de landbouw in Afrika was 7,0 keer groter dan in Oceanië (US$48,8 miljard); maar 5,6 keer minder dan in Azië (US$1,9 biljoen), 29,3% minder dan in Amerika (US$486,1 miljard) en 6,0% minder dan in Europa (US$365,8 miljard). De sector van de landbouw per hoofd in Afrika was 4,2 keer minder dan in Oceanië (US$1.242,3), 41,0% minder dan in Amerika (US$498,8), 40,2% minder dan in Europa (US$491,7) en 32,6% minder dan in Azië (US$436,7). De groei van de landbouw in Afrika was groter dan in Azië (3,3%), in Amerika (2,2%), in Europa (0,73%) en in Oceanië (-0,30%).

Subregio's. De waarde van de landbouw in Afrika in de jaren 2010 bestond uit: West-Afrika (41,3%), Noord-Afrika (25,7%), Oost-Afrika (22,4%), Centraal-Afrika (7,7%) en Zuidelijk Afrika (2,8%). Het aandeel van de landbouw in de economie van subregio's: Oost-Afrika (26,5%), West-Afrika (22,6%), Noord-Afrika (12,8%), Centraal-Afrika (11,2%) en Zuidelijk Afrika (2,7%). De landbouw per hoofd van de bevolking in subregio's: West-Afrika ($408,3), Noord-Afrika ($399,3), Oost-Afrika ($200,8), Centraal-Afrika ($174,5) en Zuidelijk Afrika ($153,9). De groei van de landbouw in subregio's: Centraal-Afrika (4,6%), Oost-Afrika (4,2%), West-Afrika (3,8%), Noord-Afrika (3,3%) en Zuidelijk Afrika (0,28%).

Leiders. De landbouw van Afrika in de jaren 2010 bestond uit: Nigeria (27,9%), Egypte (9,0%), Ethiopië (6,2%), Soedan (5,9%), Kenia (5,7%), en andere (45,3%). Het aandeel van de landbouw in economie van de leiders: Ethiopië (38,8%), Kenia (32,7%), Soedan (28,8%), Nigeria (21,5%) en Egypte (11,8%). De toegevoegde waarde van de landbouw per hoofd in Afrika onder de leiders: Nigeria ($534,6), Soedan ($530,1), Kenia ($415,4), Egypte ($338,9) en Ethiopië ($213,5). De groei van de landbouw onder de leiders: Ethiopië (5,7%), Kenia (4,6%), Soedan (4,0%), Nigeria (3,6%) en Egypte (3,1%).

Hoofdstuk V. Industrie

Mijnbouw, productie, nutsbedrijven (ISIC C-E)

De sector van de industrie in Afrika steeg van US$74,4 miljard per jaar in de jaren 1970 tot US$571,4 miljard per jaar in de jaren 2010, dat wil zeggen met US$497,1 miljard of 7,7 keer. De verandering vond plaats op US$445,1 miljard als gevolg van een 4,5-voudige stijging van de prijzen, en ook op -US$85,4 miljard als gevolg van een 1,7-voudige afname van de productiviteit , evenals op US$137,4 miljard als gevolg van de toename van de bevolking. De gemiddelde jaarlijkse groei van de industrie is 1,7%. De minimumwaarde van de industrie bedroeg US$29,2 miljard in 1970. De maximumwaarde van de industrie bedroeg US$694,6 miljard in 2012.

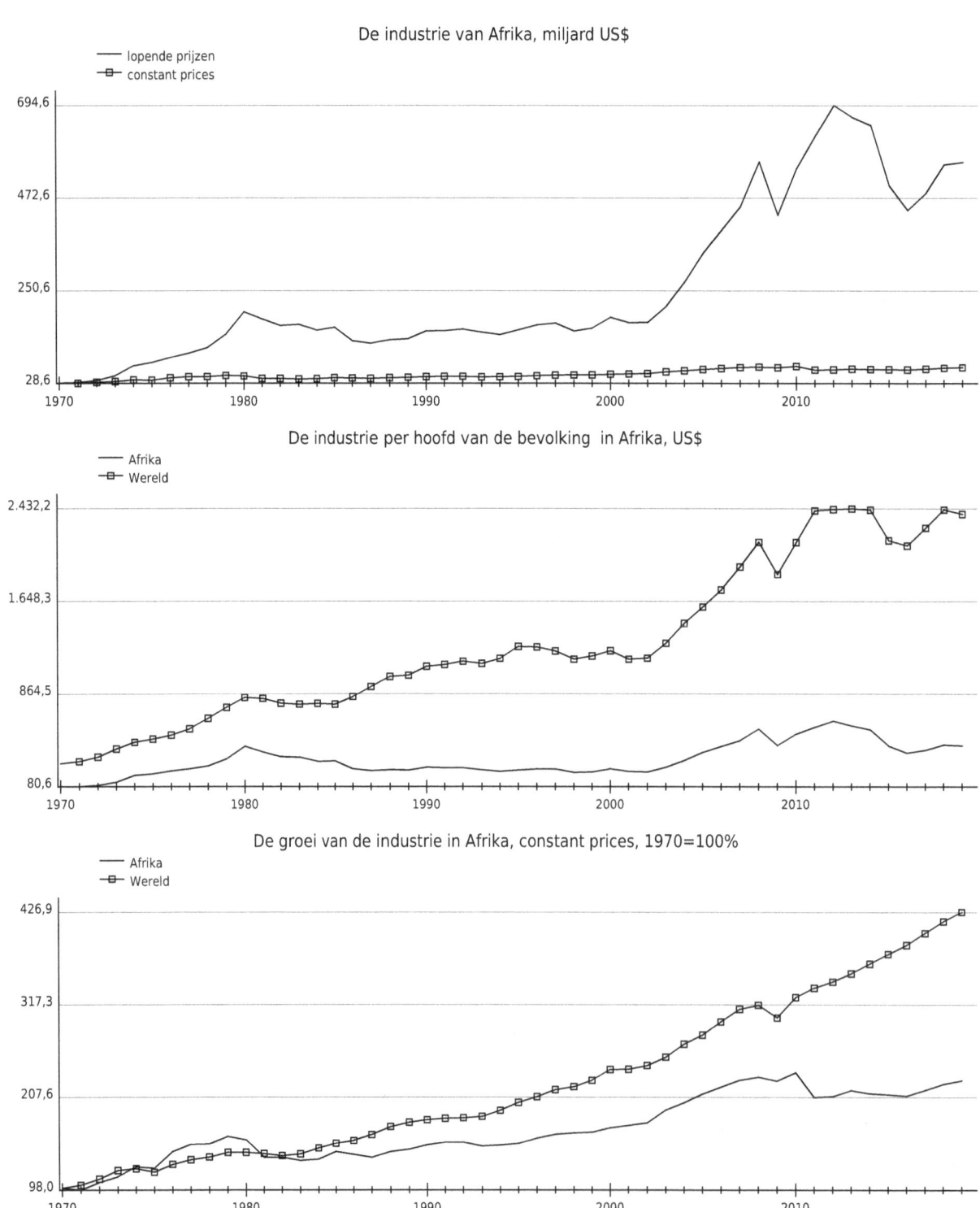

De industrie van Afrika, miljard US$

De industrie per hoofd van de bevolking in Afrika, US$

De groei van de industrie in Afrika, constant prices, 1970=100%

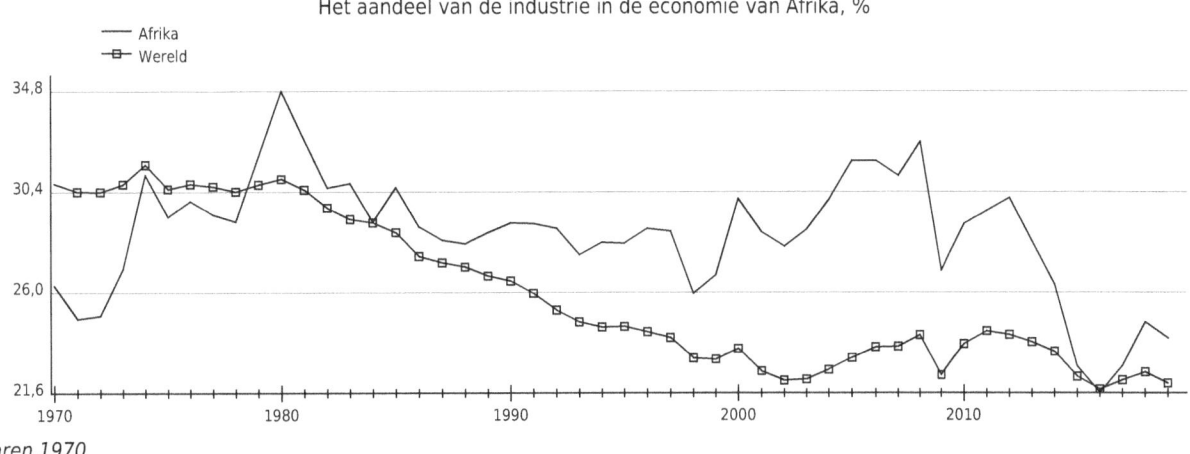

Het aandeel van de industrie in de economie van Afrika, %

de jaren 1970

De waarde van de industrie in Afrika bedroeg in de jaren 1970 US$74,4 miljard per jaar, en was vergelijkbaar met het Verenigd Koninkrijk (US$72,6 miljard). Het aandeel in de wereld was 3,8%.

Het aandeel van de industrie in de economie van Afrika was 29,3% in de jaren 1970, en was vergelijkbaar met Italië (29,5%), het Verenigd Koninkrijk (29,5%), Finland (29,6%).

De sector van de industrie per hoofd in Afrika was $181,2 in de jaren 1970s, en was vergelijkbaar met Zuid-Korea (US$181,7). De waarde van de industrie per hoofd in Afrika was in 2,7 keer lager dan de industrie per hoofd van de bevolking in de wereld ($480,5).

De groei van de industrie in Afrika bedroeg 5.5% in de jaren 1970, en was vergelijkbaar met Portugal (5,4%), Togo (5,5%). De groei van de industrie in Afrika (5,5%) was groter dan de groei van de industrie in de wereld (4,0%).

Vergelijking met regio's. De waarde van de industrie in Afrika was groter dan in Oceanië (US$30,2 miljard); maar minder dan in Europa (US$820,9 miljard), in Amerika (US$610,8 miljard) en in Azië (US$403,8 miljard). De industrie per hoofd in Afrika was groter dan in Azië (US$173,9); maar minder dan in Oceanië (US$1.413,2), in Europa (US$1.131,6) en in Amerika (US$1.091,1). De groei van de industrie in Afrika was groter dan in Europa (3,6%), in Amerika (3,2%) en in Oceanië (3,0%); maar minder dan in Azië (5,7%).

Subregio's. De industrie van Afrika in de jaren 1970 bestond uit: West-Afrika (40,1%), Noord-Afrika (26,7%), Zuidelijk Afrika (16,5%), Oost-Afrika (9,2%) en Centraal-Afrika (7,5%). Het aandeel van de industrie in de economie van subregio's: Zuidelijk Afrika (35,6%), Noord-Afrika (35,0%), West-Afrika (27,4%), Centraal-Afrika (26,1%) en Oost-Afrika (21,1%). De industrie per hoofd van de bevolking in subregio's: Zuidelijk Afrika ($434,0), West-Afrika ($250,3), Noord-Afrika ($205,8), Centraal-Afrika ($122,8) en Oost-Afrika ($56,5). De groei van de industrie in subregio's: West-Afrika (7,3%), Noord-Afrika (6,9%), Oost-Afrika (3,9%), Zuidelijk Afrika (1,5%) en Centraal-Afrika (1,4%).

Leiders. De industrie van Afrika in de jaren 1970 bestond uit: Nigeria (34,5%), Zuid-Afrika (15,7%), Libië (10,7%), Algerije (7,8%), Egypte (3,6%), en andere (27,6%). Het aandeel van de industrie in economie van de leiders: Libië (59,4%), Algerije (37,4%), Zuid-Afrika (35,8%), Nigeria (28,9%) en Egypte (22,0%). De waarde van de industrie per hoofd in Afrika onder de leiders: Libië ($3.069,0), Zuid-Afrika ($469,8), Nigeria ($407,3), Algerije ($354,7) en Egypte ($70,0). De groei van de industrie onder de leiders: Egypte (9,5%), Nigeria (8,7%), Libië (7,3%), Algerije (3,9%) en Zuid-Afrika (1,3%).

de jaren 1980

De sector van de industrie in Afrika bedroeg in de jaren 1980 US$156,3 miljard per jaar. Het aandeel in de wereld was 3,8%.

Het aandeel van de industrie in de economie van Afrika was 30,4% in de jaren 1980, en was vergelijkbaar met Zuidoost-Azië (30,4%), Congo-Brazzaville (30,4%), Bahrein (30,3%).

De industrie per hoofd in Afrika was $288,5 in de jaren 1980s, en was vergelijkbaar met Zimbabwe (US$287,4), Albanië (US$282,0). De toegevoegde waarde van de industrie per hoofd in Afrika was in 3,0 keer lager dan de industrie per hoofd van de bevolking in de wereld ($861,8).

De groei van de industrie in Afrika bedroeg -1% in de jaren 1980, en was vergelijkbaar met Roemenië (-0,98%). De groei van de industrie in Afrika (-0,99%) was minder dan de groei van de industrie in de wereld (2,3%).

Vergelijking met regio's. De industrie van Afrika was groter dan in Oceanië (US$63,7 miljard); maar minder dan in Europa (US$1,5 biljoen), in Amerika (US$1,4 biljoen) en in Azië (US$1,1 biljoen). De waarde van de industrie per hoofd in Afrika was minder dan in Oceanië (US$2,6 duizend), in Amerika (US$2,1 duizend), in Europa (US$1.933,8) en in Azië (US$380,7). De groei van de industrie in Afrika was minder dan in Azië (3,5%), in Oceanië (2,9%), in Europa (2,3%) en in Amerika (1,9%).

Subregio's. De waarde van de industrie in Afrika in de jaren 1980 bestond uit: West-Afrika (36,1%), Noord-Afrika (29,8%), Zuidelijk Afrika (19,9%), Oost-Afrika (7,1%) en Centraal-Afrika (7,1%). Het aandeel van de industrie in de economie van subregio's: Zuidelijk Afrika (38,8%), Noord-Afrika (34,1%), Centraal-Afrika (28,6%), West-Afrika (28,2%) en Oost-Afrika (18,9%). De industrie per hoofd van de bevolking in subregio's: Zuidelijk Afrika ($849,4), Noord-Afrika ($369,4), West-Afrika ($361,0), Centraal-Afrika ($183,0) en Oost-Afrika ($68,3). De groei van de industrie in subregio's: Centraal-Afrika (2,7%), Oost-Afrika (2,4%), Zuidelijk Afrika (1,5%), West-Afrika (-1,8%) en Noord-Afrika (-2,3%).

Leiders. De waarde van de industrie in Afrika in de jaren 1980 bestond uit: Nigeria (31,0%), Zuid-Afrika (19,0%), Algerije (12,1%), Libië (9,2%), Egypte (3,6%), en andere (25,1%). Het aandeel van de industrie in economie van de leiders: Libië (48,7%), Zuid-Afrika (39,1%), Algerije (36,9%), Nigeria (30,2%) en Egypte (25,4%). De waarde van de industrie per hoofd in Afrika onder de leiders: Libië ($3.808,7), Zuid-Afrika ($919,5), Algerije ($854,7), Nigeria ($585,9) en Egypte ($113,7). De groei van de industrie onder de leiders: Egypte (6,4%), Algerije (1,9%), Zuid-Afrika (1,1%), Nigeria (-2,4%) en Libië (-6,4%).

de jaren 1990

De toegevoegde waarde van de industrie in Afrika bedroeg in de jaren 1990 US$157,8 miljard per jaar. Het aandeel in de wereld was 2,4%.

Het aandeel van de industrie in de economie van Afrika was 28,1% in de jaren 1990, en was vergelijkbaar met Egypte (28,2%), Centraal-Amerika (27,9%), Armenië (28,2%).

De toegevoegde waarde van de industrie per hoofd in Afrika was $222,8 in de jaren 1990s, en was vergelijkbaar met Zimbabwe (US$221,4), Guatemala (US$225,8), Bolivia (US$219,2). De sector van de industrie per hoofd in Afrika was in 5,3 keer lager dan de industrie per hoofd van de bevolking in de wereld ($1.175,6).

De groei van de industrie in Afrika bedroeg 1.3% in de jaren 1990, en was vergelijkbaar met Libië (1,3%), Paraguay (1,3%), Japan (1,3%). De groei van de industrie in Afrika (1,3%) was minder dan de groei van de industrie in de wereld (2,5%).

Vergelijking met regio's. De industrie van Afrika was groter dan in Oceanië (US$88,9 miljard); maar minder dan in Azië (US$2,2 biljoen), in Europa (US$2,2 biljoen) en in Amerika (US$2,1 biljoen). De waarde van de industrie per hoofd in Afrika was minder dan in Oceanië (US$3,1 duizend), in Europa (US$3,0 duizend), in Amerika (US$2,7 duizend) en in Azië (US$639,7). De groei van de industrie in Afrika was groter dan in Europa (0,0047%); maar minder dan in Azië (5,5%), in Amerika (2,8%) en in Oceanië (2,3%).

Subregio's. De industrie van Afrika in de jaren 1990 bestond uit: Noord-Afrika (37,7%), Zuidelijk Afrika (26,7%), West-Afrika (19,2%), Centraal-Afrika (9,1%) en Oost-Afrika (7,3%). Het aandeel van de industrie in de economie van subregio's: Centraal-Afrika (31,6%), Zuidelijk Afrika (30,7%), Noord-Afrika (29,4%), West-Afrika (27,6%) en Oost-Afrika (17,1%). De industrie per hoofd van de bevolking in subregio's: Zuidelijk Afrika ($903,4), Noord-Afrika ($372,5), Centraal-Afrika ($174,5), West-Afrika ($148,8) en Oost-Afrika ($53,3). De groei van de industrie in subregio's: Oost-Afrika (2,4%), Noord-Afrika (2,2%), West-Afrika (0,92%), Zuidelijk Afrika (0,44%) en Centraal-Afrika (-1,2%).

Leiders. De sector van de industrie in Afrika in de jaren 1990 bestond uit: Zuid-Afrika (24,7%), Nigeria (11,3%), Algerije (11,2%), Egypte (10,6%), Libië (7,6%), en andere (34,6%). Het aandeel van de industrie in economie van de leiders: Algerije (38,1%), Libië (33,4%), Nigeria (32,3%), Zuid-Afrika (30,6%) en Egypte (28,2%). De sector van de industrie per hoofd in Afrika onder de leiders: Libië ($2.452,6), Zuid-Afrika ($954,6), Algerije ($622,9), Egypte ($270,7) en Nigeria ($166,7). De groei van de industrie onder de leiders: Egypte (3,5%), Algerije (1,9%), Libië (1,3%), Nigeria (0,59%) en Zuid-Afrika (0,23%).

de jaren 2000

De waarde van de industrie in Afrika bedroeg in de jaren 2000 US$319,5 miljard per jaar, en was vergelijkbaar met Italië (US$320,8 miljard). Het aandeel in de wereld was 3,1%.

Het aandeel van de industrie in de economie van Afrika was 30,2% in de jaren 2000, en was vergelijkbaar met Rusland (30,2%), Tsjechië (30,5%).

De sector van de industrie per hoofd in Afrika was $352,5 in de jaren 2000s, en was vergelijkbaar met Mongolië (US$357,4). De waarde van de industrie per hoofd in Afrika was in 4,5 keer lager dan de industrie per hoofd van de bevolking in de wereld ($1.573,8).

De groei van de industrie in Afrika bedroeg 3.1% in de jaren 2000, en was vergelijkbaar met Cuba (3,1%), Slovenië (3,1%), Congo-Kinshasa (3,1%). De groei van de industrie in Afrika (3,1%) was groter dan de groei van de industrie in de wereld (2,9%).

Vergelijking met regio's. De sector van de industrie in Afrika was groter dan in Oceanië (US$152,2 miljard); maar minder dan in Azië (US$3,8 biljoen), in Amerika (US$3,1 biljoen) en in Europa (US$2,9 biljoen). De industrie per hoofd in Afrika was minder dan in Oceanië (US$4,6 duizend), in Europa (US$4,0 duizend), in Amerika (US$3,5 duizend) en in Azië (US$951,8). De groei van de industrie in Afrika was groter dan in Oceanië (1,8%), in Amerika (1,4%) en in Europa (0,63%); maar minder dan in Azië (5,7%).

Subregio's. De toegevoegde waarde van de industrie in Afrika in de jaren 2000 bestond uit: Noord-Afrika (43,5%), Zuidelijk Afrika (18,7%), West-Afrika (18,4%), Centraal-Afrika (13,5%) en Oost-Afrika (5,8%). Het aandeel van de industrie in de economie van subregio's: Centraal-Afrika (44,0%), Noord-Afrika (37,5%), Zuidelijk Afrika (27,8%), West-Afrika (22,7%) en Oost-Afrika (16,5%). De industrie per hoofd van de bevolking in subregio's: Zuidelijk Afrika ($1.099,0), Noord-Afrika ($730,2), Centraal-Afrika ($390,2), West-Afrika ($221,9) en Oost-Afrika ($65,3). De groei van de industrie in subregio's: Oost-Afrika (6,0%), Centraal-Afrika (5,4%), Noord-Afrika (3,3%), West-Afrika (2,2%) en Zuidelijk Afrika (1,3%).

Leiders. De industrie van Afrika in de jaren 2000 bestond uit: Zuid-Afrika (16,9%), Algerije (14,4%), Nigeria (12,7%), Egypte (10,6%), Libië (10,5%), en andere (35,1%). Het aandeel van de industrie in economie van de leiders: Libië (64,7%), Algerije (48,1%), Egypte (32,0%), Zuid-Afrika (27,2%) en Nigeria (22,8%). De industrie per hoofd in Afrika onder de leiders: Libië ($5.812,6), Algerije ($1.389,0), Zuid-Afrika ($1.130,5), Egypte ($450,6) en Nigeria ($295,0). De groei van de industrie onder de leiders: Egypte (5,0%), Libië (2,4%), Nigeria (2,1%), Zuid-Afrika (1,3%) en Algerije (1,2%).

de jaren 2010

De industrie van Afrika bedroeg in de jaren 2010 US$571,4 miljard per jaar. Het aandeel in de wereld was 3,4%.

Het aandeel van de industrie in de economie van Afrika was 25,9% in de jaren 2010, en was vergelijkbaar met Papoea-Nieuw-Guinea (25,9%), Jemen (25,9%), Namibië (26,0%).

De toegevoegde waarde van de industrie per hoofd in Afrika was $489,1 in de jaren 2010s, en was vergelijkbaar met Laos (US$496,4), Georgië (US$499,1). De toegevoegde waarde van de industrie per hoofd in Afrika was in 4,7 keer lager dan de industrie per hoofd van de bevolking in de wereld ($2.320,9).

De groei van de industrie in Afrika bedroeg 0% in de jaren 2010. De groei van de industrie in Afrika (0,035%) was minder dan de groei van de industrie in de wereld (3,5%).

Vergelijking met regio's. De industrie van Afrika was 2,0 keer groter dan in Oceanië (US$279,8 miljard); maar 14,3 keer minder dan in Azië (US$8,1 biljoen), 7,4 keer minder dan in Amerika (US$4,2 biljoen) en 6,6 keer minder dan in Europa (US$3,8 biljoen). De waarde van de industrie per hoofd in Afrika was 14,6 keer minder dan in Oceanië (US$7,1 duizend), 10,4 keer minder dan in Europa (US$5,1 duizend), 8,9 keer minder dan in Amerika (US$4,4 duizend) en 3,8 keer minder dan in Azië (US$1.847,0). De groei van de industrie in Afrika was minder dan in Azië (5,6%), in Oceanië (2,6%), in Europa (2,0%) en in Amerika (1,8%).

Subregio's. De waarde van de industrie in Afrika in de jaren 2010 bestond uit: Noord-Afrika (37,1%), West-Afrika (23,2%), Zuidelijk Afrika (16,0%), Centraal-Afrika (15,8%) en Oost-Afrika (7,9%). Het aandeel van de industrie in de economie van subregio's: Centraal-Afrika (38,1%), Noord-Afrika (30,7%), Zuidelijk Afrika (25,8%), West-Afrika (21,1%) en Oost-Afrika (15,4%). De industrie per hoofd van de bevolking in subregio's: Zuidelijk Afrika ($1.459,9), Noord-Afrika ($958,1), Centraal-Afrika ($594,0), West-Afrika ($381,4) en Oost-Afrika ($116,9). De groei van de industrie in subregio's: Oost-Afrika (5,4%), West-Afrika (3,3%), Centraal-Afrika (2,0%), Zuidelijk Afrika (0,89%) en Noord-Afrika (-3,0%).

Leiders. De toegevoegde waarde van de industrie in Afrika in de jaren 2010 bestond uit: Nigeria (16,3%), Egypte (14,6%), Zuid-Afrika (14,4%), Algerije (10,3%), Angola (7,3%), en andere (37,1%). Het aandeel van de industrie in economie van de leiders: Angola (36,7%), Algerije (33,0%), Egypte (31,7%), Zuid-Afrika (25,6%) en Nigeria (20,9%). De sector van de industrie per hoofd in Afrika onder de leiders: Angola ($1.518,4), Zuid-Afrika ($1.499,4), Algerije ($1.487,5), Egypte ($913,5) en Nigeria ($520,0). De groei van de industrie onder de leiders: Egypte (1,3%), Nigeria (1,2%), Zuid-Afrika (0,79%), Angola (0,33%) en Algerije (-1,1%).

Hoofdstuk 5.1. Fabricage

(ISIC D)

De fabricage van Afrika steeg van US$40,8 miljard per jaar in de jaren 1970 tot US$241,0 miljard per jaar in de jaren 2010, dat wil zeggen met US$200,2 miljard of 5,9 keer. De verandering vond plaats op US$130,6 miljard als gevolg van een 2,2-voudige stijging van de prijzen, en ook op -US$5,7 miljard als gevolg van een 1,1-voudige afname van de productiviteit , evenals op US$75,3 miljard als gevolg van de toename van de bevolking. De gemiddelde jaarlijkse groei van de fabricage is 2,9%. De minimumwaarde van de fabricage bedroeg US$17,6 miljard in 1970. De maximumwaarde van de fabricage bedroeg US$272,0 miljard in 2019.

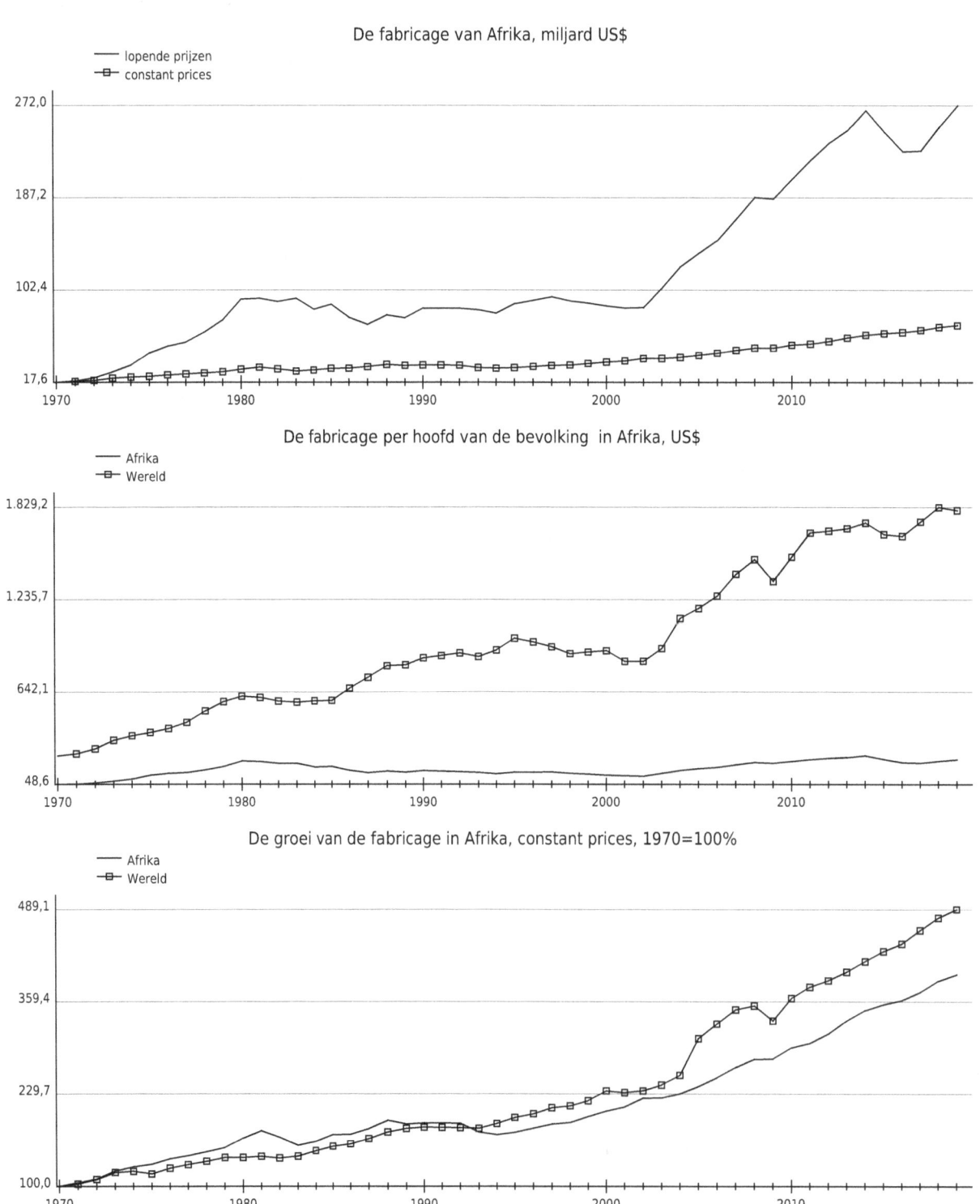

De fabricage van Afrika, miljard US$

De fabricage per hoofd van de bevolking in Afrika, US$

De groei van de fabricage in Afrika, constant prices, 1970=100%

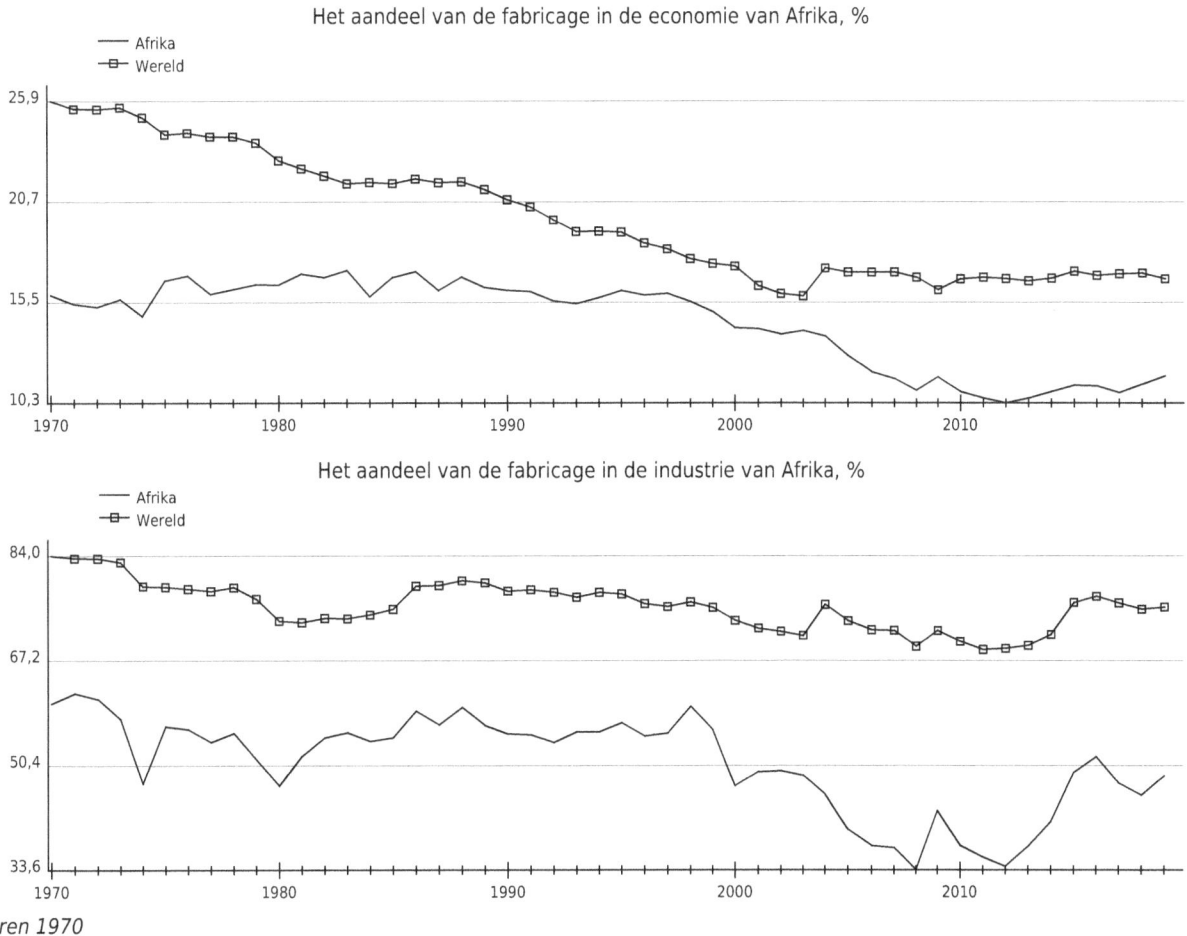

Het aandeel van de fabricage in de economie van Afrika, %

Het aandeel van de fabricage in de industrie van Afrika, %

de jaren 1970

De toegevoegde waarde van de fabricage in Afrika bedroeg in de jaren 1970 US$40,8 miljard per jaar. Het aandeel in de wereld was 2,6%.

Het aandeel van de fabricage in de economie van Afrika was 16,0% in de jaren 1970, en was vergelijkbaar met Mongolië (16,0%), Haïti (16,2%).

De waarde van de fabricage per hoofd in Afrika was $99,3 in de jaren 1970s, en was vergelijkbaar met Marokko (US$100,2), Namibië (US$101,7), de Kaaimaneilanden (US$101,8). De waarde van de fabricage per hoofd in Afrika was in 3,9 keer lager dan de fabricage per hoofd van de bevolking in de wereld ($383,2).

De groei van de fabricage in Afrika bedroeg 4.9% in de jaren 1970, en was vergelijkbaar met Pakistan (4,9%), Zuidelijk Afrika (4,9%), Bhutan (5,0%). De groei van de fabricage in Afrika (4,9%) was groter dan de groei van de fabricage in de wereld (3,8%).

Vergelijking met regio's. De toegevoegde waarde van de fabricage in Afrika was groter dan in Oceanië (US$21,8 miljard); maar minder dan in Europa (US$739,4 miljard), in Amerika (US$502,0 miljard) en in Azië (US$243,5 miljard). De waarde van de fabricage per hoofd in Afrika was minder dan in Oceanië (US$1.020,6), in Europa (US$1.019,3), in Amerika (US$896,7) en in Azië (US$104,9). De groei van de fabricage in Afrika was groter dan in Amerika (3,6%), in Europa (3,5%) en in Oceanië (2,1%); maar minder dan in Azië (5,6%).

Subregio's. De fabricage van Afrika in de jaren 1970 bestond uit: West-Afrika (48,5%), Zuidelijk Afrika (17,7%), Noord-Afrika (15,4%), Oost-Afrika (13,1%) en Centraal-Afrika (5,2%). Het aandeel van de fabricage in de economie van subregio's: Zuidelijk Afrika (21,0%), West-Afrika (18,2%), Oost-Afrika (16,5%), Noord-Afrika (11,1%) en Centraal-Afrika (10,0%). De fabricage per hoofd van de bevolking in subregio's: Zuidelijk Afrika ($255,9), West-Afrika ($166,0), Noord-Afrika ($65,2), Centraal-Afrika ($47,0) en Oost-Afrika ($44,2). De groei van de fabricage in subregio's: West-Afrika (9,1%), Noord-Afrika (5,6%), Oost-Afrika (5,0%), Zuidelijk Afrika (4,9%) en Centraal-Afrika (-0,67%).

Leiders. De waarde van de fabricage in Afrika in de jaren 1970 bestond uit: Nigeria (41,3%), Zuid-Afrika (17,3%), Egypte (5,1%), Marokko (4,3%), Mozambique (3,7%), en andere (28,3%). Het aandeel van de fabricage in economie van de leiders: Mozambique (29,1%), Zuid-Afrika (21,5%), Marokko (20,0%), Nigeria (18,9%) en Egypte (17,0%). De sector van de fabricage per hoofd in Afrika onder de leiders: Zuid-Afrika ($282,8), Nigeria ($267,2), Mozambique ($149,7), Marokko ($100,2) en Egypte ($54,2). De groei van de fabricage onder de leiders: Nigeria (12,7%), Marokko (5,7%), Zuid-Afrika (4,9%), Mozambique (3,8%) en Egypte (3,2%).

de jaren 1980

De fabricage van Afrika bedroeg in de jaren 1980 US$85,4 miljard per jaar. Het aandeel in de wereld was 2,7%.

Het aandeel van de fabricage in de economie van Afrika was 16,6% in de jaren 1980, en was vergelijkbaar met Haïti (16,7%), Australië (16,5%), de Centraal-Afrikaanse Republiek (16,5%).

De fabricage per hoofd in Afrika was $157,6 in de jaren 1980s, en was vergelijkbaar met Saint Lucia (US$157,7), Senegal (US$156,8). De fabricage per hoofd in Afrika was in 4,2 keer lager dan de fabricage per hoofd van de bevolking in de wereld ($661,2).

De groei van de fabricage in Afrika bedroeg 2% in de jaren 1980, en was vergelijkbaar met Bangladesh (2,0%). De groei van de fabricage in Afrika (2,0%) was minder dan de groei van de fabricage in de wereld (2,6%).

Vergelijking met regio's. De fabricage van Afrika was groter dan in Oceanië (US$41,1 miljard); maar minder dan in Europa (US$1,3 biljoen), in Amerika (US$1,1 biljoen) en in Azië (US$727,9 miljard). De toegevoegde waarde van de fabricage per hoofd in Afrika was minder dan in Europa (US$1.672,2), in Oceanië (US$1.656,8), in Amerika (US$1.597,5) en in Azië (US$256,6). De groei van de fabricage in Afrika was groter dan in Amerika (1,8%) en in Oceanië (1,5%); maar minder dan in Azië (5,4%) en in Europa (2,1%).

Subregio's. De sector van de fabricage in Afrika in de jaren 1980 bestond uit: West-Afrika (44,6%), Zuidelijk Afrika (20,7%), Noord-Afrika (19,3%), Oost-Afrika (10,3%) en Centraal-Afrika (5,1%). Het aandeel van de fabricage in de economie van subregio's: Zuidelijk Afrika (22,1%), West-Afrika (19,1%), Oost-Afrika (15,1%), Noord-Afrika (12,0%) en Centraal-Afrika (11,2%). De fabricage per hoofd van de bevolking in subregio's: Zuidelijk Afrika ($482,3), West-Afrika ($243,7), Noord-Afrika ($130,4), Centraal-Afrika ($71,8) en Oost-Afrika ($54,4). De groei van de fabricage in subregio's: Noord-Afrika (6,1%), Oost-Afrika (3,1%), Zuidelijk Afrika (2,5%), Centraal-Afrika (1,8%) en West-Afrika (-1,1%).

Leiders. De toegevoegde waarde van de fabricage in Afrika in de jaren 1980 bestond uit: Nigeria (38,1%), Zuid-Afrika (20,1%), Algerije (7,1%), Marokko (4,4%), Egypte (4,0%), en andere (26,3%). Het aandeel van de fabricage in economie van de leiders: Zuid-Afrika (22,7%), Marokko (21,4%), Nigeria (20,3%), Egypte (15,7%) en Algerije (11,8%). De fabricage per hoofd in Afrika onder de leiders: Zuid-Afrika ($533,5), Nigeria ($393,0), Algerije ($272,9), Marokko ($167,4) en Egypte ($70,1). De groei van de fabricage onder de leiders: Egypte (7,6%), Algerije (4,5%), Marokko (3,6%), Zuid-Afrika (2,3%) en Nigeria (-2,4%).

de jaren 1990

De toegevoegde waarde van de fabricage in Afrika bedroeg in de jaren 1990 US$88,4 miljard per jaar, en was vergelijkbaar met Mexico (US$89,0 miljard). Het aandeel in de wereld was 1,7%.

Het aandeel van de fabricage in de economie van Afrika was 15,7% in de jaren 1990, en was vergelijkbaar met Iran (15,7%), Palestina (15,7%), IJsland (15,8%).

De waarde van de fabricage per hoofd in Afrika was $124,8 in de jaren 1990s, en was vergelijkbaar met Kameroen (US$124,7), de Cookeilanden (US$126,9), Bosnië en Herzegovina (US$122,6). De waarde van de fabricage per hoofd in Afrika was in 7,3 keer lager dan de fabricage per hoofd van de bevolking in de wereld ($908,4).

De groei van de fabricage in Afrika bedroeg 0.6% in de jaren 1990. De groei van de fabricage in Afrika (0,55%) was minder dan de groei van de fabricage in de wereld (2,0%).

Vergelijking met regio's. De fabricage van Afrika was groter dan in Oceanië (US$57,4 miljard); maar minder dan in Europa (US$1,8 biljoen), in Amerika (US$1,7 biljoen) en in Azië (US$1,6 biljoen). De waarde van de fabricage per hoofd in Afrika was minder dan in Europa (US$2,4 duizend), in Amerika (US$2,2 duizend), in Oceanië (US$1.986,6) en in Azië (US$456,2). De groei van de fabricage in Afrika was groter dan in Europa (0,24%); maar minder dan in Azië (3,5%), in Amerika (3,0%) en in Oceanië (1,3%).

Subregio's. De fabricage van Afrika in de jaren 1990 bestond uit: Noord-Afrika (32,3%), Zuidelijk Afrika (31,0%), West-Afrika (22,3%), Oost-Afrika (9,9%) en Centraal-Afrika (4,5%). Het aandeel van de fabricage in de economie van subregio's: Zuidelijk Afrika (20,0%), West-Afrika (17,9%), Noord-Afrika (14,1%), Oost-Afrika (13,1%) en Centraal-Afrika (8,8%). De fabricage per hoofd van de bevolking in subregio's: Zuidelijk Afrika ($586,9), Noord-Afrika ($178,5), West-Afrika ($96,7), Centraal-Afrika ($48,8) en Oost-Afrika ($40,6). De groei van de fabricage in subregio's: Noord-Afrika (4,4%), Oost-Afrika (2,8%), Zuidelijk Afrika (0,54%), West-Afrika (-0,68%) en Centraal-Afrika

(-7,1%).

Leiders. De fabricage van Afrika in de jaren 1990 bestond uit: Zuid-Afrika (29,6%), Egypte (12,6%), Nigeria (11,7%), Marokko (7,7%), Algerije (5,1%), en andere (33,3%). Het aandeel van de fabricage in economie van de leiders: Marokko (20,8%), Zuid-Afrika (20,5%), Egypte (18,8%), Nigeria (18,8%) en Algerije (9,7%). De sector van de fabricage per hoofd in Afrika onder de leiders: Zuid-Afrika ($641,7), Marokko ($254,3), Egypte ($180,7), Algerije ($158,1) en Nigeria ($96,9). De groei van de fabricage onder de leiders: Egypte (6,2%), Marokko (3,4%), Zuid-Afrika (0,28%), Algerije (-1,3%) en Nigeria (-1,8%).

de jaren 2000

De toegevoegde waarde van de fabricage in Afrika bedroeg in de jaren 2000 US$131,3 miljard per jaar. Het aandeel in de wereld was 1,8%.

Het aandeel van de fabricage in de economie van Afrika was 12,4% in de jaren 2000, en was vergelijkbaar met Samoa (12,4%), Zuidwest-Azië (12,4%), Namibië (12,5%).

De sector van de fabricage per hoofd in Afrika was $144,8 in de jaren 2000s, en was vergelijkbaar met Montserrat (US$145,3), Bolivia (US$143,6), Kameroen (US$147,7). De toegevoegde waarde van de fabricage per hoofd in Afrika was in 7,9 keer lager dan de fabricage per hoofd van de bevolking in de wereld ($1.138,1).

De groei van de fabricage in Afrika bedroeg 3.5% in de jaren 2000, en was vergelijkbaar met Cuba (3,4%), Nicaragua (3,5%), Uruguay (3,5%). De groei van de fabricage in Afrika (3,5%) was minder dan de groei van de fabricage in de wereld (4,2%).

Vergelijking met regio's. De waarde van de fabricage in Afrika was groter dan in Oceanië (US$82,6 miljard); maar minder dan in Azië (US$2,6 biljoen), in Europa (US$2,3 biljoen) en in Amerika (US$2,3 biljoen). De toegevoegde waarde van de fabricage per hoofd in Afrika was minder dan in Europa (US$3,2 duizend), in Amerika (US$2,6 duizend), in Oceanië (US$2,5 duizend) en in Azië (US$659,1). De groei van de fabricage in Afrika was groter dan in Amerika (1,4%), in Oceanië (0,79%) en in Europa (0,69%); maar minder dan in Azië (10,5%).

Subregio's. De waarde van de fabricage in Afrika in de jaren 2000 bestond uit: Noord-Afrika (32,9%), Zuidelijk Afrika (27,7%), West-Afrika (23,3%), Oost-Afrika (9,1%) en Centraal-Afrika (6,9%). Het aandeel van de fabricage in de economie van subregio's: Zuidelijk Afrika (16,9%), West-Afrika (11,8%), Noord-Afrika (11,7%), Oost-Afrika (10,6%) en Centraal-Afrika (9,2%). De fabricage per hoofd van de bevolking in subregio's: Zuidelijk Afrika ($668,5), Noord-Afrika ($227,2), West-Afrika ($115,4), Centraal-Afrika ($81,7) en Oost-Afrika ($42,0). De groei van de fabricage in subregio's: Centraal-Afrika (4,7%), Noord-Afrika (4,4%), Oost-Afrika (3,8%), Zuidelijk Afrika (2,7%) en West-Afrika (1,9%).

Leiders. De fabricage van Afrika in de jaren 2000 bestond uit: Zuid-Afrika (25,9%), Egypte (13,6%), Nigeria (13,0%), Marokko (7,8%), Tunesië (4,0%), en andere (35,7%). Het aandeel van de fabricage in economie van de leiders: Marokko (18,2%), Tunesië (18,0%), Zuid-Afrika (17,2%), Egypte (16,9%) en Nigeria (9,6%). De fabricage per hoofd in Afrika onder de leiders: Zuid-Afrika ($712,6), Tunesië ($525,1), Marokko ($337,8), Egypte ($238,2) en Nigeria ($124,3). De groei van de fabricage onder de leiders: Egypte (4,9%), Tunesië (3,4%), Marokko (3,2%), Zuid-Afrika (2,6%) en Nigeria (1,6%).

de jaren 2010

De waarde van de fabricage in Afrika bedroeg in de jaren 2010 US$241,0 miljard per jaar. Het aandeel in de wereld was 1,9%.

Het aandeel van de fabricage in de economie van Afrika was 10,9% in de jaren 2010.

De toegevoegde waarde van de fabricage per hoofd in Afrika was $206,2 in de jaren 2010s, en was vergelijkbaar met Congo (US$205,0), Melanesië (US$207,8), Kameroen (US$208,8). De sector van de fabricage per hoofd in Afrika was in 8,2 keer lager dan de fabricage per hoofd van de bevolking in de wereld ($1.697,4).

De groei van de fabricage in Afrika bedroeg 3.6% in de jaren 2010, en was vergelijkbaar met Centraal-Afrika (3,6%), Sri Lanka (3,6%), Slovenië (3,6%). De groei van de fabricage in Afrika (3,6%) was minder dan de groei van de fabricage in de wereld (3,9%).

Vergelijking met regio's. De toegevoegde waarde van de fabricage in Afrika was 2,2 keer groter dan in Oceanië (US$111,8 miljard); maar 25,6 keer minder dan in Azië (US$6,2 biljoen), 12,5 keer minder dan in Amerika (US$3,0 biljoen) en 12,0 keer minder dan in Europa (US$2,9 biljoen). De sector van de fabricage per hoofd in Afrika was 18,9 keer minder dan in Europa (US$3,9 duizend), 15,0 keer minder dan in Amerika (US$3,1 duizend), 13,8 keer minder dan in Oceanië (US$2,8 duizend) en 6,8 keer minder dan in Azië

(US$1.401,2). De groei van de fabricage in Afrika was groter dan in Europa (2,5%), in Amerika (1,6%) en in Oceanië (-0,27%); maar minder dan in Azië (6,0%).

Subregio's. De fabricage van Afrika in de jaren 2010 bestond uit: Noord-Afrika (33,8%), West-Afrika (26,1%), Zuidelijk Afrika (19,5%), Oost-Afrika (10,6%) en Centraal-Afrika (10,1%). Het aandeel van de fabricage in de economie van subregio's: Zuidelijk Afrika (13,3%), Noord-Afrika (11,8%), Centraal-Afrika (10,2%), West-Afrika (10,0%) en Oost-Afrika (8,7%). De fabricage per hoofd van de bevolking in subregio's: Zuidelijk Afrika ($752,9), Noord-Afrika ($367,7), West-Afrika ($180,5), Centraal-Afrika ($159,3) en Oost-Afrika ($66,2). De groei van de fabricage in subregio's: West-Afrika (6,6%), Oost-Afrika (5,4%), Centraal-Afrika (3,6%), Noord-Afrika (2,3%) en Zuidelijk Afrika (1,4%).

Leiders. De sector van de fabricage in Afrika in de jaren 2010 bestond uit: Egypte (18,0%), Zuid-Afrika (17,9%), Nigeria (16,6%), Marokko (6,9%), Algerije (3,1%), en andere (37,6%). Het aandeel van de fabricage in economie van de leiders: Marokko (17,4%), Egypte (16,4%), Zuid-Afrika (13,4%), Nigeria (9,0%) en Algerije (4,2%). De toegevoegde waarde van de fabricage per hoofd in Afrika onder de leiders: Zuid-Afrika ($783,9), Marokko ($482,5), Egypte ($473,1), Nigeria ($223,0) en Algerije ($189,0). De groei van de fabricage onder de leiders: Nigeria (6,4%), Marokko (5,5%), Algerije (3,8%), Egypte (2,5%) en Zuid-Afrika (1,3%).

Hoofdstuk VI. Constructie

(ISIC F)

De sector van de constructie in Afrika steeg van US$16,4 miljard per jaar in de jaren 1970 tot US$127,9 miljard per jaar in de jaren 2010, dat wil zeggen met US$111,5 miljard of 7,8 keer. De verandering vond plaats op US$44,4 miljard als gevolg van een 1,5-voudige stijging van de prijzen, en ook op US$36,9 miljard als gevolg van een 1,8-voudige toename van de productiviteit , evenals op US$30,2 miljard als gevolg van de toename van de bevolking. De gemiddelde jaarlijkse groei van de constructie is 4,3%. De minimumwaarde van de constructie bedroeg US$6,3 miljard in 1970. De maximumwaarde van de constructie bedroeg US$158,8 miljard in 2019.

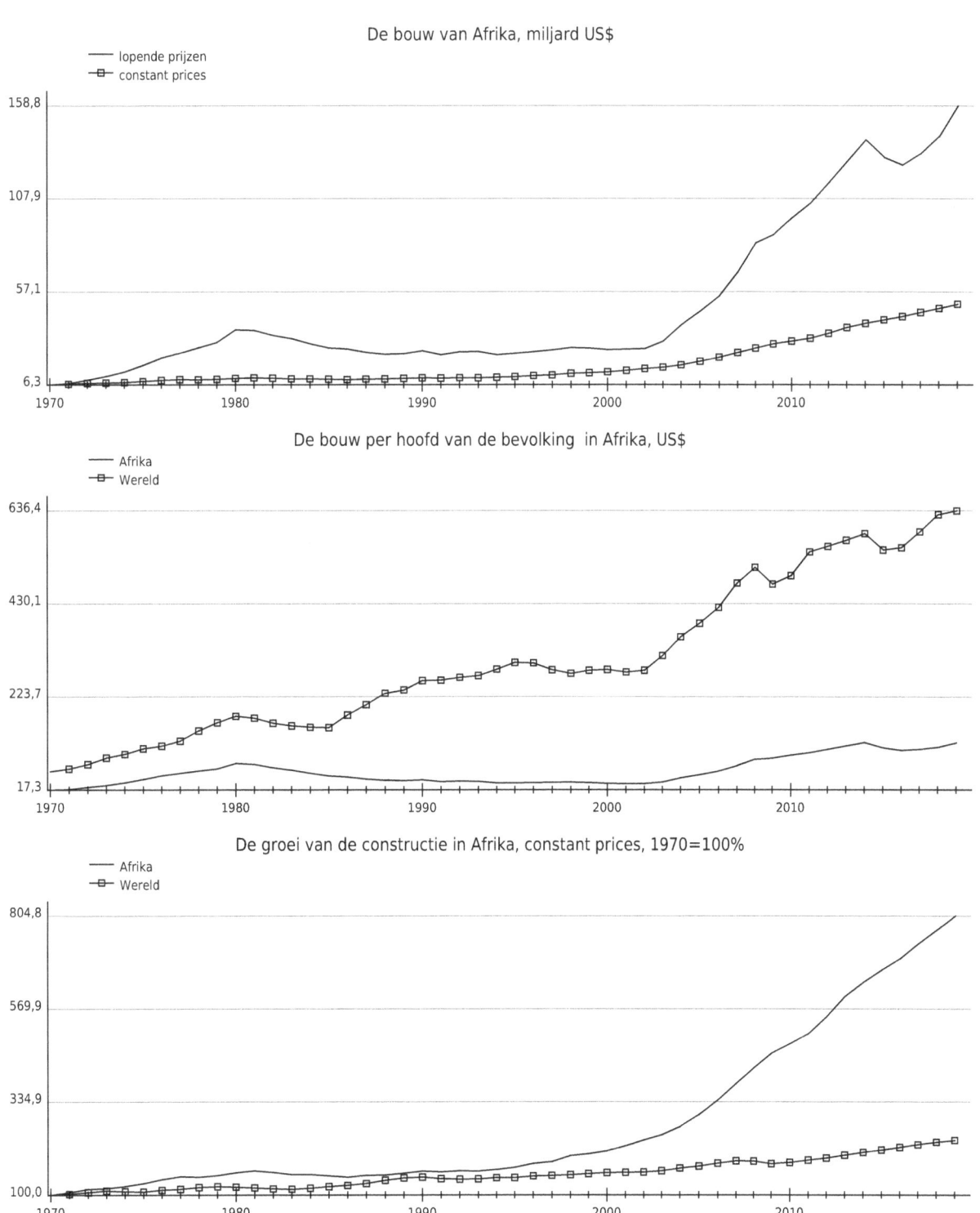

De bouw van Afrika, miljard US$

De bouw per hoofd van de bevolking in Afrika, US$

De groei van de constructie in Afrika, constant prices, 1970=100%

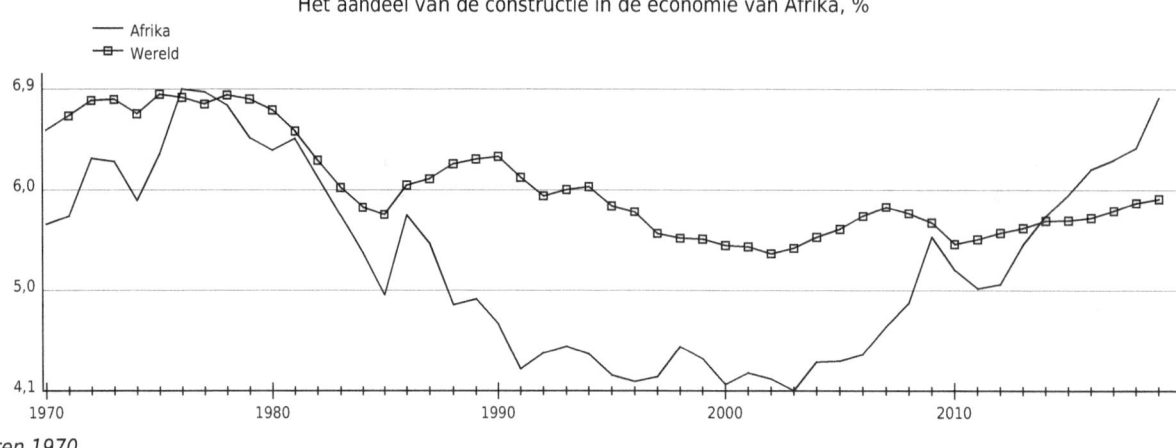

Het aandeel van de constructie in de economie van Afrika, %

de jaren 1970

De sector van de constructie in Afrika bedroeg in de jaren 1970 US$16,4 miljard per jaar, en was vergelijkbaar met Italië (US$16,0 miljard). Het aandeel in de wereld was 3,8%.

Het aandeel van de constructie in de economie van Afrika was 6,4% in de jaren 1970, en was vergelijkbaar met Uruguay (6,5%), Fiji (6,4%).

De bouw per hoofd in Afrika was $39,9 in de jaren 1970s, en was vergelijkbaar met Saint Lucia (US$40,4), Djibouti (US$39,0). De sector van de constructie per hoofd in Afrika was in 2,7 keer lager dan de constructie per hoofd van de bevolking in de wereld ($106,1).

De groei van de constructie in Afrika bedroeg 4.5% in de jaren 1970, en was vergelijkbaar met Tsjecho-Slowakije (4,5%), de Comoren (4,5%). De groei van de constructie in Afrika (4,5%) was groter dan de groei van de constructie in de wereld (2,1%).

Vergelijking met regio's. De waarde van de constructie in Afrika was groter dan in Oceanië (US$8,9 miljard); maar minder dan in Europa (US$201,6 miljard), in Amerika (US$121,8 miljard) en in Azië (US$79,9 miljard). De toegevoegde waarde van de constructie per hoofd in Afrika was groter dan in Azië (US$34,4); maar minder dan in Oceanië (US$415,3), in Europa (US$277,9) en in Amerika (US$217,5). De groei van de constructie in Afrika was groter dan in Oceanië (1,7%), in Amerika (1,5%) en in Europa (1,3%); maar minder dan in Azië (5,1%).

Subregio's. De sector van de constructie in Afrika in de jaren 1970 bestond uit: West-Afrika (50,8%), Noord-Afrika (24,7%), Zuidelijk Afrika (10,1%), Oost-Afrika (7,4%) en Centraal-Afrika (6,9%). Het aandeel van de constructie in de economie van subregio's: West-Afrika (7,6%), Noord-Afrika (7,1%), Centraal-Afrika (5,3%), Zuidelijk Afrika (4,8%) en Oost-Afrika (3,8%). De constructie per hoofd van de bevolking in subregio's: West-Afrika ($69,7), Zuidelijk Afrika ($58,8), Noord-Afrika ($41,9), Centraal-Afrika ($25,0) en Oost-Afrika ($10,1). De groei van de constructie in subregio's: Noord-Afrika (7,9%), West-Afrika (6,6%), Zuidelijk Afrika (2,3%), Centraal-Afrika (1,2%) en Oost-Afrika (-0,074%).

Leiders. De constructie van Afrika in de jaren 1970 bestond uit: Nigeria (45,5%), Zuid-Afrika (9,6%), Algerije (8,7%), Libië (7,5%), Marokko (3,2%), en andere (25,5%). Het aandeel van de constructie in economie van de leiders: Algerije (9,2%), Libië (9,1%), Nigeria (8,4%), Marokko (6,0%) en Zuid-Afrika (4,8%). De toegevoegde waarde van de constructie per hoofd in Afrika onder de leiders: Libië ($469,8), Nigeria ($118,2), Algerije ($87,0), Zuid-Afrika ($62,9) en Marokko ($30,1). De groei van de constructie onder de leiders: Marokko (8,5%), Algerije (7,9%), Nigeria (7,8%), Libië (7,0%) en Zuid-Afrika (1,9%).

de jaren 1980

De toegevoegde waarde van de constructie in Afrika bedroeg in de jaren 1980 US$28,9 miljard per jaar. Het aandeel in de wereld was 3,2%.

Het aandeel van de constructie in de economie van Afrika was 5,6% in de jaren 1980, en was vergelijkbaar met Swaziland (5,6%), Bermuda (5,6%), België (5,7%).

De waarde van de constructie per hoofd in Afrika was $53,3 in de jaren 1980s, en was vergelijkbaar met Namibië (US$53,5). De waarde van de constructie per hoofd in Afrika was in 3,5 keer lager dan de constructie per hoofd van de bevolking in de wereld ($186,2).

De groei van de constructie in Afrika bedroeg 0.4% in de jaren 1980. De groei van de constructie in Afrika (0,41%) was minder dan de groei van de constructie in de wereld (1,7%).

Vergelijking met regio's. De constructie van Afrika was groter dan in Oceanië (US$16,8 miljard); maar minder dan in Europa (US$355,2 miljard), in Amerika (US$262,8 miljard) en in Azië (US$236,3 miljard). De waarde van de constructie per hoofd in Afrika was minder dan in Oceanië (US$677,4), in Europa (US$462,7), in Amerika (US$396,8) en in Azië (US$83,3). De groei van de constructie in Afrika was minder dan in Oceanië (2,8%), in Azië (2,7%), in Europa (1,9%) en in Amerika (0,83%).

Subregio's. De waarde van de constructie in Afrika in de jaren 1980 bestond uit: Noord-Afrika (41,9%), West-Afrika (33,7%), Zuidelijk Afrika (10,6%), Centraal-Afrika (7,2%) en Oost-Afrika (6,5%). Het aandeel van de constructie in de economie van subregio's: Noord-Afrika (8,8%), Centraal-Afrika (5,4%), West-Afrika (4,9%), Zuidelijk Afrika (3,8%) en Oost-Afrika (3,2%). De constructie per hoofd van de bevolking in subregio's: Noord-Afrika ($95,8), Zuidelijk Afrika ($83,5), West-Afrika ($62,4), Centraal-Afrika ($34,6) en Oost-Afrika ($11,6). De groei van de constructie in subregio's: Noord-Afrika (2,3%), Centraal-Afrika (0,98%), Oost-Afrika (0,82%), Zuidelijk Afrika (-0,11%) en West-Afrika (-3,3%).

Leiders. De toegevoegde waarde van de constructie in Afrika in de jaren 1980 bestond uit: Nigeria (29,2%), Algerije (22,9%), Zuid-Afrika (9,9%), Libië (8,4%), Egypte (4,2%), en andere (25,4%). Het aandeel van de constructie in economie van de leiders: Algerije (12,9%), Libië (8,2%), Egypte (5,5%), Nigeria (5,2%) en Zuid-Afrika (3,8%). De toegevoegde waarde van de constructie per hoofd in Afrika onder de leiders: Libië ($637,3), Algerije ($299,2), Nigeria ($101,7), Zuid-Afrika ($88,6) en Egypte ($24,7). De groei van de constructie onder de leiders: Egypte (5,2%), Algerije (1,6%), Zuid-Afrika (-0,28%), Libië (-1,3%) en Nigeria (-5,7%).

de jaren 1990

De bouw van Afrika bedroeg in de jaren 1990 US$24,5 miljard per jaar, en was vergelijkbaar met Australazië (US$24,8 miljard). Het aandeel in de wereld was 1,5%.

Het aandeel van de constructie in de economie van Afrika was 4,4% in de jaren 1990, en was vergelijkbaar met de Seychellen (4,3%), Afghanistan (4,4%).

De toegevoegde waarde van de constructie per hoofd in Afrika was $34,6 in de jaren 1990s, en was vergelijkbaar met Vanuatu (US$35,0), Sri Lanka (US$35,5). De sector van de constructie per hoofd in Afrika was in 8,1 keer lager dan de constructie per hoofd van de bevolking in de wereld ($278,6).

De groei van de constructie in Afrika bedroeg 2.8% in de jaren 1990. De groei van de constructie in Afrika (2,8%) was groter dan de groei van de constructie in de wereld (0,71%).

Vergelijking met regio's. De constructie van Afrika was minder dan in Europa (US$552,8 miljard), in Azië (US$550,2 miljard), in Amerika (US$435,1 miljard) en in Oceanië (US$25,5 miljard). De constructie per hoofd in Afrika was minder dan in Oceanië (US$881,0), in Europa (US$760,7), in Amerika (US$564,1) en in Azië (US$158,8). De groei van de constructie in Afrika was groter dan in Azië (2,3%), in Amerika (1,8%) en in Europa (-1,7%); maar minder dan in Oceanië (3,0%).

Subregio's. De toegevoegde waarde van de constructie in Afrika in de jaren 1990 bestond uit: Noord-Afrika (50,3%), Zuidelijk Afrika (19,5%), West-Afrika (12,7%), Oost-Afrika (9,8%) en Centraal-Afrika (7,7%). Het aandeel van de constructie in de economie van subregio's: Noord-Afrika (6,1%), Centraal-Afrika (4,1%), Oost-Afrika (3,6%), Zuidelijk Afrika (3,5%) en West-Afrika (2,8%). De constructie per hoofd van de bevolking in subregio's: Zuidelijk Afrika ($102,6), Noord-Afrika ($77,2), Centraal-Afrika ($22,8), West-Afrika ($15,3) en Oost-Afrika ($11,1). De groei van de constructie in subregio's: West-Afrika (4,8%), Oost-Afrika (3,8%), Noord-Afrika (3,1%), Centraal-Afrika (1,8%) en Zuidelijk Afrika (-0,55%).

Leiders. De sector van de constructie in Afrika in de jaren 1990 bestond uit: Algerije (18,6%), Zuid-Afrika (17,2%), Egypte (11,6%), Libië (8,9%), Marokko (5,4%), en andere (38,2%). Het aandeel van de constructie in economie van de leiders: Algerije (9,8%), Libië (6,1%), Egypte (4,8%), Marokko (4,1%) en Zuid-Afrika (3,3%). De waarde van de constructie per hoofd in Afrika onder de leiders: Libië ($445,4), Algerije ($160,9), Zuid-Afrika ($103,4), Marokko ($49,7) en Egypte ($46,1). De groei van de constructie onder de leiders: Egypte (3,6%), Libië (2,6%), Algerije (2,0%), Marokko (1,0%) en Zuid-Afrika (-1,3%).

de jaren 2000

De sector van de constructie in Afrika bedroeg in de jaren 2000 US$48,7 miljard per jaar, en was vergelijkbaar met Zuidoost-Azië (US$48,9 miljard), Australië (US$48,3 miljard). Het aandeel in de wereld was 2,0%.

Het aandeel van de constructie in de economie van Afrika was 4,6% in de jaren 2000, en was vergelijkbaar met de Verenigde Staten (4,6%), Paraguay (4,6%).

De sector van de constructie per hoofd in Afrika was $53,8 in de jaren 2000s, en was vergelijkbaar met Kiribati (US$53,9), Sao Tomé en Principe (US$53,0). De sector van de constructie per hoofd in Afrika was in 7,1 keer lager dan de constructie per hoofd van de bevolking in de wereld ($381,3).

De groei van de constructie in Afrika bedroeg 8.4% in de jaren 2000, en was vergelijkbaar met Nigeria (8,4%), Algerije (8,4%), Burkina Faso (8,5%). De groei van de constructie in Afrika (8,4%) was groter dan de groei van de constructie in de wereld (1,5%).

Vergelijking met regio's. De waarde van de constructie in Afrika was minder dan in Europa (US$838,7 miljard), in Amerika (US$818,0 miljard), in Azië (US$719,2 miljard) en in Oceanië (US$54,8 miljard). De toegevoegde waarde van de constructie per hoofd in Afrika was minder dan in Oceanië (US$1.644,6), in Europa (US$1.147,4), in Amerika (US$931,0) en in Azië (US$181,9). De groei van de constructie in Afrika was groter dan in Oceanië (4,8%), in Azië (4,4%), in Europa (0,97%) en in Amerika (-0,96%).

Subregio's. De toegevoegde waarde van de constructie in Afrika in de jaren 2000 bestond uit: Noord-Afrika (43,3%), West-Afrika (17,7%), Zuidelijk Afrika (14,9%), Oost-Afrika (12,7%) en Centraal-Afrika (11,4%). Het aandeel van de constructie in de economie van subregio's: Noord-Afrika (5,7%), Centraal-Afrika (5,6%), Oost-Afrika (5,5%), Zuidelijk Afrika (3,4%) en West-Afrika (3,3%). De constructie per hoofd van de bevolking in subregio's: Zuidelijk Afrika ($133,0), Noord-Afrika ($111,0), Centraal-Afrika ($50,0), West-Afrika ($32,5) en Oost-Afrika ($21,7). De groei van de constructie in subregio's: Centraal-Afrika (13,7%), Oost-Afrika (9,1%), Zuidelijk Afrika (8,2%), West-Afrika (7,7%) en Noord-Afrika (7,1%).

Leiders. De sector van de constructie in Afrika in de jaren 2000 bestond uit: Algerije (15,9%), Zuid-Afrika (13,1%), Nigeria (10,1%), Egypte (9,4%), Marokko (6,6%), en andere (44,8%). Het aandeel van de constructie in economie van de leiders: Algerije (8,1%), Marokko (5,7%), Egypte (4,4%), Zuid-Afrika (3,2%) en Nigeria (2,8%). De waarde van de constructie per hoofd in Afrika onder de leiders: Algerije ($234,1), Zuid-Afrika ($134,4), Marokko ($106,5), Egypte ($61,4) en Nigeria ($36,0). De groei van de constructie onder de leiders: Zuid-Afrika (8,9%), Algerije (8,4%), Nigeria (8,4%), Marokko (7,2%) en Egypte (5,0%).

de jaren 2010

De sector van de constructie in Afrika bedroeg in de jaren 2010 US$127,9 miljard per jaar. Het aandeel in de wereld was 3,0%.

Het aandeel van de constructie in de economie van Afrika was 5,8% in de jaren 2010, en was vergelijkbaar met Brazilië (5,8%), de Turks- en Caicoseilanden (5,8%), Irak (5,8%).

De waarde van de constructie per hoofd in Afrika was $109,4 in de jaren 2010s, en was vergelijkbaar met Tanzania (US$109,1), Oezbekistan (US$108,6). De toegevoegde waarde van de constructie per hoofd in Afrika was in 5,2 keer lager dan de constructie per hoofd van de bevolking in de wereld ($572,1).

De groei van de constructie in Afrika bedroeg 5.8% in de jaren 2010, en was vergelijkbaar met Noord-Macedonië (5,8%), Oost-Azië (5,9%), Angola (5,9%). De groei van de constructie in Afrika (5,8%) was groter dan de groei van de constructie in de wereld (2,9%).

Vergelijking met regio's. De toegevoegde waarde van de constructie in Afrika was 2,7% groter dan in Oceanië (US$124,5 miljard); maar 13,5 keer minder dan in Azië (US$1,7 biljoen), 9,1 keer minder dan in Amerika (US$1,2 biljoen) en 8,2 keer minder dan in Europa (US$1,1 biljoen). De toegevoegde waarde van de constructie per hoofd in Afrika was 29,0 keer minder dan in Oceanië (US$3,2 duizend), 12,9 keer minder dan in Europa (US$1.415,6), 10,9 keer minder dan in Amerika (US$1.189,0) en 3,6 keer minder dan in Azië (US$392,9). De groei van de constructie in Afrika was groter dan in Azië (5,6%), in Oceanië (1,7%), in Amerika (1,3%) en in Europa (0,50%).

Subregio's. De constructie van Afrika in de jaren 2010 bestond uit: Noord-Afrika (34,0%), West-Afrika (20,6%), Oost-Afrika (19,0%), Centraal-Afrika (15,2%) en Zuidelijk Afrika (11,2%). Het aandeel van de constructie in de economie van subregio's: Oost-Afrika (8,3%), Centraal-Afrika (8,2%), Noord-Afrika (6,3%), West-Afrika (4,2%) en Zuidelijk Afrika (4,1%). De constructie per hoofd van de bevolking in subregio's: Zuidelijk Afrika ($229,7), Noord-Afrika ($196,1), Centraal-Afrika ($127,3), West-Afrika ($75,8) en Oost-Afrika ($63,3). De groei van de constructie in subregio's: Oost-Afrika (11,6%), West-Afrika (6,5%), Noord-Afrika (5,0%), Centraal-Afrika (3,1%) en Zuidelijk Afrika (1,3%).

Leiders. De toegevoegde waarde van de constructie in Afrika in de jaren 2010 bestond uit: Algerije (14,7%), Nigeria (13,2%), Angola (10,3%), Egypte (10,3%), Zuid-Afrika (9,9%), en andere (41,6%). Het aandeel van de constructie in economie van de leiders: Angola

(11,6%), Algerije (10,6%), Egypte (5,0%), Zuid-Afrika (3,9%) en Nigeria (3,8%). De toegevoegde waarde van de constructie per hoofd in Afrika onder de leiders: Angola ($479,9), Algerije ($477,2), Zuid-Afrika ($230,7), Egypte ($143,5) en Nigeria ($94,4). De groei van de constructie onder de leiders: Egypte (7,6%), Nigeria (6,6%), Algerije (6,1%), Angola (5,9%) en Zuid-Afrika (0,95%).

Hoofdstuk VII. Vervoer

Transport, opslag en communicatie (ISIC I)

De sector van het transport in Afrika steeg van US$22,9 miljard per jaar in de jaren 1970 tot US$202,9 miljard per jaar in de jaren 2010, dat wil zeggen met US$180,0 miljard of 8,8 keer. De verandering vond plaats op US$94,5 miljard als gevolg van een 1,9-voudige stijging van de prijzen, en ook op US$43,2 miljard als gevolg van een 1,7-voudige toename van de productiviteit , evenals op US$42,3 miljard als gevolg van de toename van de bevolking. De gemiddelde jaarlijkse groei van het transport is 4,2%. De minimumwaarde van het transport bedroeg US$9,5 miljard in 1970. De maximumwaarde van het transport bedroeg US$231,0 miljard in 2014.

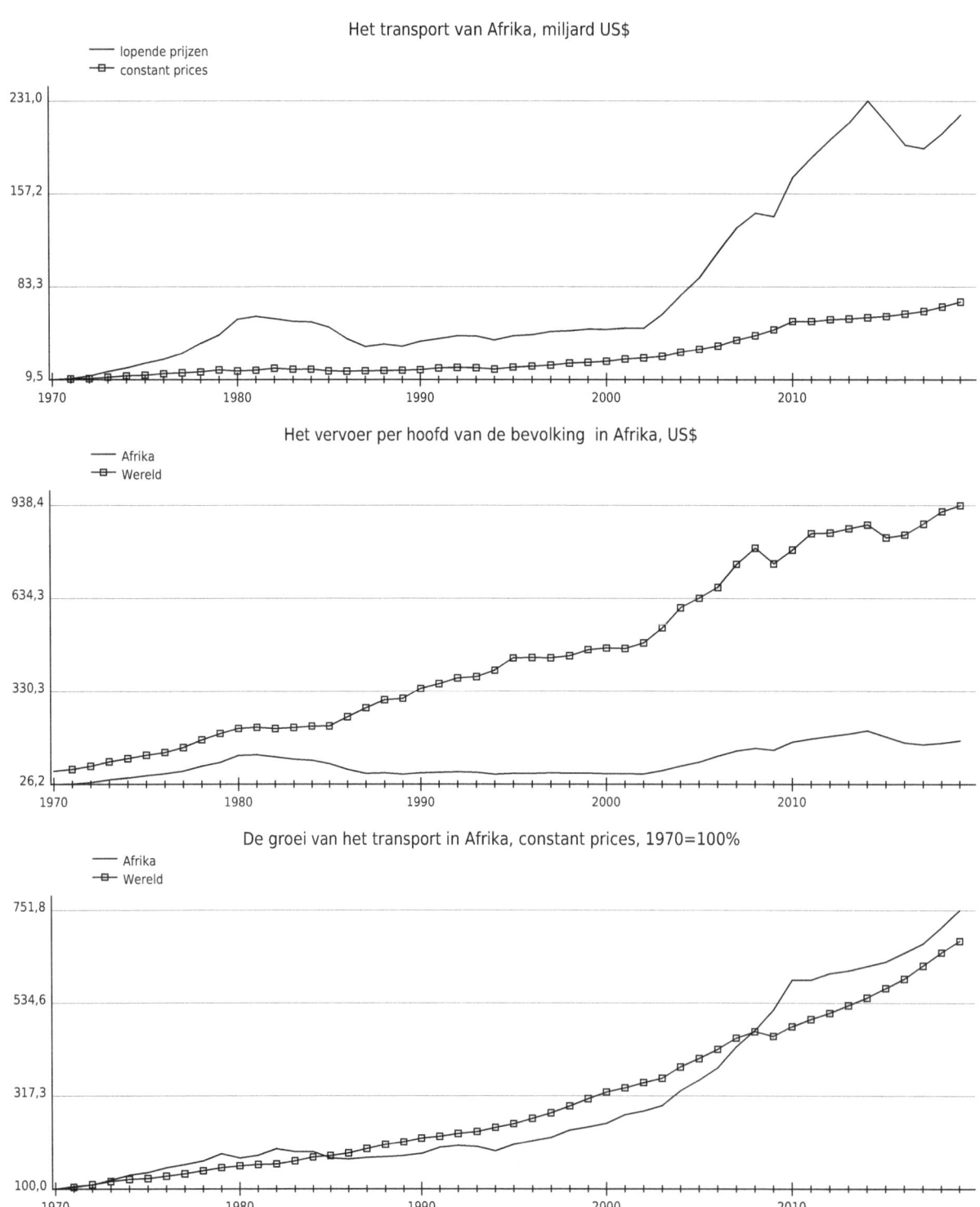

Het transport van Afrika, miljard US$

Het vervoer per hoofd van de bevolking in Afrika, US$

De groei van het transport in Afrika, constant prices, 1970=100%

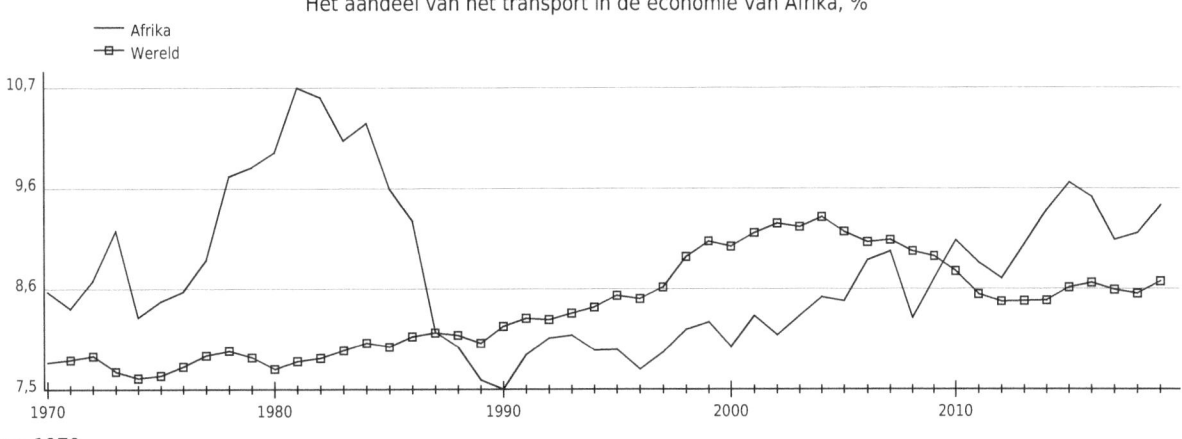

Het aandeel van het transport in de economie van Afrika, %

de jaren 1970

De toegevoegde waarde van het transport in Afrika bedroeg in de jaren 1970 US$22,9 miljard per jaar, en was vergelijkbaar met het Verenigd Koninkrijk (US$23,4 miljard). Het aandeel in de wereld was 4,6%.

Het aandeel van het transport in de economie van Afrika was 9,0% in de jaren 1970, en was vergelijkbaar met België (9,0%), Amerika (9,1%), Mauritius (9,1%).

De waarde van het transport per hoofd in Afrika was $55,9 in de jaren 1970s, en was vergelijkbaar met Syrië (US$56,1), Macau (US$55,4), Mauritius (US$55,4). De toegevoegde waarde van het transport per hoofd in Afrika was in 2,2 keer lager dan het transport per hoofd van de bevolking in de wereld ($122,3).

De groei van het transport in Afrika bedroeg 6.8% in de jaren 1970, en was vergelijkbaar met Tonga (6,8%), China (6,8%), Marokko (6,9%). De groei van het transport in Afrika (6,8%) was groter dan de groei van het transport in de wereld (4,6%).

Vergelijking met regio's. De waarde van het transport in Afrika was groter dan in Oceanië (US$9,0 miljard); maar minder dan in Amerika (US$202,0 miljard), in Europa (US$180,1 miljard) en in Azië (US$79,7 miljard). Het vervoer per hoofd in Afrika was groter dan in Azië (US$34,3); maar minder dan in Oceanië (US$423,7), in Amerika (US$360,9) en in Europa (US$248,3). De groei van het transport in Afrika was groter dan in Amerika (4,9%), in Oceanië (4,9%), in Europa (4,3%) en in Azië (4,1%).

Subregio's. Het transport van Afrika in de jaren 1970 bestond uit: West-Afrika (55,2%), Zuidelijk Afrika (14,9%), Noord-Afrika (13,4%), Oost-Afrika (9,3%) en Centraal-Afrika (7,2%). Het aandeel van het transport in de economie van subregio's: West-Afrika (11,6%), Zuidelijk Afrika (9,9%), Centraal-Afrika (7,7%), Oost-Afrika (6,6%) en Noord-Afrika (5,4%). Het vervoer per hoofd van de bevolking in subregio's: Zuidelijk Afrika ($121,2), West-Afrika ($106,1), Centraal-Afrika ($36,4), Noord-Afrika ($31,8) en Oost-Afrika ($17,6). De groei van het transport in subregio's: Noord-Afrika (10,7%), West-Afrika (7,8%), Zuidelijk Afrika (5,5%), Oost-Afrika (2,5%) en Centraal-Afrika (1,3%).

Leiders. De sector van het transport in Afrika in de jaren 1970 bestond uit: Nigeria (49,9%), Zuid-Afrika (14,5%), Congo-Kinshasa (3,9%), Algerije (3,1%), Egypte (3,0%), en andere (25,6%). Het aandeel van het transport in economie van de leiders: Nigeria (12,9%), Zuid-Afrika (10,2%), Congo-Kinshasa (9,7%), Egypte (5,6%) en Algerije (4,5%). De waarde van het transport per hoofd in Afrika onder de leiders: Nigeria ($181,5), Zuid-Afrika ($133,5), Algerije ($42,9), Congo-Kinshasa ($39,6) en Egypte ($17,9). De groei van het transport onder de leiders: Egypte (18,5%), Algerije (11,5%), Nigeria (7,6%), Zuid-Afrika (5,6%) en Congo-Kinshasa (-0,33%).

de jaren 1980

De waarde van het transport in Afrika bedroeg in de jaren 1980 US$48,9 miljard per jaar. Het aandeel in de wereld was 4,2%.

Het aandeel van het transport in de economie van Afrika was 9,5% in de jaren 1980, en was vergelijkbaar met Bangladesh (9,5%), de Verenigde Staten (9,5%), Vanuatu (9,6%).

De waarde van het transport per hoofd in Afrika was $90,3 in de jaren 1980s, en was vergelijkbaar met Micronesië (US$89,7), Brazilië (US$88,6). De waarde van het transport per hoofd in Afrika was in 2,7 keer lager dan het transport per hoofd van de bevolking in de wereld ($242,0).

De groei van het transport in Afrika bedroeg -0.2% in de jaren 1980. De groei van het transport in Afrika (-0,23%) was minder dan de groei van het transport in de wereld (3,4%).

Vergelijking met regio's. De waarde van het transport in Afrika was groter dan in Oceanië (US$21,6 miljard); maar minder dan in Amerika (US$473,4 miljard), in Europa (US$379,6 miljard) en in Azië (US$246,4 miljard). De waarde van het transport per hoofd in Afrika was groter dan in Azië (US$86,8); maar minder dan in Oceanië (US$872,5), in Amerika (US$714,8) en in Europa (US$494,5). De groei van het transport in Afrika was minder dan in Azië (5,2%), in Oceanië (4,2%), in Amerika (3,5%) en in Europa (2,8%).

Subregio's. De toegevoegde waarde van het transport in Afrika in de jaren 1980 bestond uit: West-Afrika (51,6%), Noord-Afrika (18,4%), Zuidelijk Afrika (15,1%), Oost-Afrika (7,9%) en Centraal-Afrika (7,0%). Het aandeel van het transport in de economie van subregio's: West-Afrika (12,7%), Zuidelijk Afrika (9,2%), Centraal-Afrika (8,8%), Oost-Afrika (6,6%) en Noord-Afrika (6,6%). Het transport per hoofd van de bevolking in subregio's: Zuidelijk Afrika ($201,2), West-Afrika ($161,7), Noord-Afrika ($71,3), Centraal-Afrika ($56,4) en Oost-Afrika ($23,9). De groei van het transport in subregio's: Noord-Afrika (4,8%), Oost-Afrika (3,1%), Zuidelijk Afrika (2,2%), Centraal-Afrika (2,1%) en West-Afrika (-4,0%).

Leiders. Het vervoer van Afrika in de jaren 1980 bestond uit: Nigeria (46,3%), Zuid-Afrika (14,6%), Algerije (5,1%), Egypte (4,0%), Congo-Kinshasa (3,2%), en andere (26,7%). Het aandeel van het transport in economie van de leiders: Congo-Kinshasa (15,2%), Nigeria (14,1%), Zuid-Afrika (9,4%), Egypte (8,9%) en Algerije (4,9%). Het vervoer per hoofd in Afrika onder de leiders: Nigeria ($273,9), Zuid-Afrika ($222,1), Algerije ($113,5), Congo-Kinshasa ($53,0) en Egypte ($39,7). De groei van het transport onder de leiders: Egypte (9,2%), Algerije (3,4%), Zuid-Afrika (2,1%), Congo-Kinshasa (1,8%) en Nigeria (-0,76%).

de jaren 1990

De sector van het transport in Afrika bedroeg in de jaren 1990 US$44,7 miljard per jaar. Het aandeel in de wereld was 1,9%.

Het aandeel van het transport in de economie van Afrika was 8,0% in de jaren 1990, en was vergelijkbaar met Colombia (8,0%), Marokko (8,0%), Bhutan (7,9%).

De waarde van het transport per hoofd in Afrika was $63,1 in de jaren 1990s, en was vergelijkbaar met Kosovo (US$63,3), Honduras (US$62,3). Het transport per hoofd in Afrika was in 6,5 keer lager dan het transport per hoofd van de bevolking in de wereld ($409,5).

De groei van het transport in Afrika bedroeg 3.3% in de jaren 1990, en was vergelijkbaar met Ecuador (3,3%). De groei van het transport in Afrika (3,3%) was minder dan de groei van het transport in de wereld (4,0%).

Vergelijking met regio's. De waarde van het transport in Afrika was groter dan in Oceanië (US$38,6 miljard); maar minder dan in Amerika (US$851,9 miljard), in Europa (US$784,9 miljard) en in Azië (US$614,0 miljard). De waarde van het transport per hoofd in Afrika was minder dan in Oceanië (US$1.336,3), in Amerika (US$1.104,4), in Europa (US$1.080,1) en in Azië (US$177,2). De groei van het transport in Afrika was groter dan in Europa (2,4%); maar minder dan in Azië (5,4%), in Amerika (4,7%) en in Oceanië (4,7%).

Subregio's. De toegevoegde waarde van het transport in Afrika in de jaren 1990 bestond uit: Noord-Afrika (37,8%), Zuidelijk Afrika (28,7%), West-Afrika (14,4%), Oost-Afrika (11,1%) en Centraal-Afrika (8,0%). Het aandeel van het transport in de economie van subregio's: Zuidelijk Afrika (9,4%), Noord-Afrika (8,4%), Centraal-Afrika (7,9%), Oost-Afrika (7,4%) en West-Afrika (5,9%). Het transport per hoofd van de bevolking in subregio's: Zuidelijk Afrika ($275,5), Noord-Afrika ($105,8), Centraal-Afrika ($43,7), West-Afrika ($31,6) en Oost-Afrika ($22,9). De groei van het transport in subregio's: Zuidelijk Afrika (4,2%), Oost-Afrika (4,2%), Noord-Afrika (3,9%), West-Afrika (2,9%) en Centraal-Afrika (-0,72%).

Leiders. De waarde van het transport in Afrika in de jaren 1990 bestond uit: Zuid-Afrika (27,7%), Egypte (13,1%), Nigeria (6,7%), Algerije (5,9%), Marokko (5,8%), en andere (40,8%). Het aandeel van het transport in economie van de leiders: Egypte (9,9%), Zuid-Afrika (9,7%), Marokko (8,0%), Algerije (5,7%) en Nigeria (5,4%). De toegevoegde waarde van het transport per hoofd in Afrika onder de leiders: Zuid-Afrika ($303,7), Marokko ($97,6), Egypte ($94,8), Algerije ($93,1) en Nigeria ($27,9). De groei van het transport onder de leiders: Marokko (6,5%), Nigeria (5,2%), Egypte (4,4%), Zuid-Afrika (4,1%) en Algerije (1,1%).

de jaren 2000

De sector van het transport in Afrika bedroeg in de jaren 2000 US$90,0 miljard per jaar. Het aandeel in de wereld was 2,2%.

Het aandeel van het transport in de economie van Afrika was 8,5% in de jaren 2000, en was vergelijkbaar met Kameroen (8,5%), Azië (8,5%), Cuba (8,6%).

De toegevoegde waarde van het transport per hoofd in Afrika was $99,3 in de jaren 2000s, en was vergelijkbaar met Honduras

(US$98,0), Palestina (US$101,0). De waarde van het transport per hoofd in Afrika was in 6,3 keer lager dan het transport per hoofd van de bevolking in de wereld ($621,1).

De groei van het transport in Afrika bedroeg 7.8% in de jaren 2000, en was vergelijkbaar met Israël (7,8%), Egypte (7,8%), Sri Lanka (7,8%). De groei van het transport in Afrika (7,8%) was groter dan de groei van het transport in de wereld (3,9%).

Vergelijking met regio's. De toegevoegde waarde van het transport in Afrika was groter dan in Oceanië (US$66,9 miljard); maar minder dan in Amerika (US$1,5 biljoen), in Europa (US$1,4 biljoen) en in Azië (US$1,0 biljoen). Het vervoer per hoofd in Afrika was minder dan in Oceanië (US$2,0 duizend), in Europa (US$1.850,1), in Amerika (US$1.687,7) en in Azië (US$264,8). De groei van het transport in Afrika was groter dan in Azië (5,4%), in Oceanië (3,7%), in Amerika (3,2%) en in Europa (3,1%).

Subregio's. De sector van het transport in Afrika in de jaren 2000 bestond uit: Noord-Afrika (36,2%), Zuidelijk Afrika (24,5%), West-Afrika (21,5%), Oost-Afrika (11,0%) en Centraal-Afrika (6,8%). Het aandeel van het transport in de economie van subregio's: Zuidelijk Afrika (10,3%), Oost-Afrika (8,8%), Noord-Afrika (8,8%), West-Afrika (7,4%) en Centraal-Afrika (6,2%). Het vervoer per hoofd van de bevolking in subregio's: Zuidelijk Afrika ($405,7), Noord-Afrika ($171,1), West-Afrika ($72,9), Centraal-Afrika ($55,3) en Oost-Afrika ($34,8). De groei van het transport in subregio's: West-Afrika (8,9%), Noord-Afrika (7,9%), Oost-Afrika (7,5%), Centraal-Afrika (7,0%) en Zuidelijk Afrika (5,6%).

Leiders. De toegevoegde waarde van het transport in Afrika in de jaren 2000 bestond uit: Zuid-Afrika (23,5%), Nigeria (14,6%), Egypte (11,9%), Algerije (8,8%), Marokko (5,0%), en andere (36,0%). Het aandeel van het transport in economie van de leiders: Zuid-Afrika (10,7%), Egypte (10,2%), Algerije (8,3%), Marokko (8,1%) en Nigeria (7,4%). De sector van het transport per hoofd in Afrika onder de leiders: Zuid-Afrika ($445,0), Algerije ($240,3), Marokko ($149,7), Egypte ($143,3) en Nigeria ($95,8). De groei van het transport onder de leiders: Nigeria (23,1%), Marokko (8,6%), Egypte (7,8%), Algerije (7,1%) en Zuid-Afrika (5,5%).

de jaren 2010

Het transport van Afrika bedroeg in de jaren 2010 US$202,9 miljard per jaar, en was vergelijkbaar met Zuidoost-Azië (US$206,3 miljard). Het aandeel in de wereld was 3,2%.

Het aandeel van het transport in de economie van Afrika was 9,2% in de jaren 2010, en was vergelijkbaar met Suriname (9,2%), Kroatië (9,3%), West-Europa (9,3%).

De toegevoegde waarde van het transport per hoofd in Afrika was $173,7 in de jaren 2010s, en was vergelijkbaar met de Filipijnen (US$174,2), de FS van Micronesië (US$177,7). De toegevoegde waarde van het transport per hoofd in Afrika was in 5,0 keer lager dan het transport per hoofd van de bevolking in de wereld ($864,8).

De groei van het transport in Afrika bedroeg 3.8% in de jaren 2010, en was vergelijkbaar met Vanuatu (3,8%). De groei van het transport in Afrika (3,8%) was minder dan de groei van het transport in de wereld (4,0%).

Vergelijking met regio's. De sector van het transport in Afrika was 68,6% groter dan in Oceanië (US$120,4 miljard); maar 11,4 keer minder dan in Amerika (US$2,3 biljoen), 9,3 keer minder dan in Azië (US$1,9 biljoen) en 8,9 keer minder dan in Europa (US$1,8 biljoen). Het vervoer per hoofd in Afrika was 17,7 keer minder dan in Oceanië (US$3,1 duizend), 13,9 keer minder dan in Europa (US$2,4 duizend), 13,7 keer minder dan in Amerika (US$2,4 duizend) en 2,5 keer minder dan in Azië (US$430,2). De groei van het transport in Afrika was groter dan in Europa (2,6%) en in Oceanië (2,3%); maar minder dan in Azië (4,7%) en in Amerika (4,7%).

Subregio's. De waarde van het transport in Afrika in de jaren 2010 bestond uit: West-Afrika (34,5%), Noord-Afrika (29,7%), Zuidelijk Afrika (16,5%), Oost-Afrika (12,1%) en Centraal-Afrika (7,2%). Het aandeel van het transport in de economie van subregio's: West-Afrika (11,1%), Zuidelijk Afrika (9,5%), Noord-Afrika (8,7%), Oost-Afrika (8,4%) en Centraal-Afrika (6,1%). Het transport per hoofd van de bevolking in subregio's: Zuidelijk Afrika ($536,4), Noord-Afrika ($272,4), West-Afrika ($201,2), Centraal-Afrika ($95,8) en Oost-Afrika ($63,7). De groei van het transport in subregio's: Oost-Afrika (7,6%), Centraal-Afrika (5,1%), Noord-Afrika (4,2%), West-Afrika (2,9%) en Zuidelijk Afrika (2,1%).

Leiders. De toegevoegde waarde van het transport in Afrika in de jaren 2010 bestond uit: Nigeria (26,6%), Zuid-Afrika (15,6%), Egypte (11,4%), Algerije (8,3%), Soedan (3,5%), en andere (34,6%). Het aandeel van het transport in economie van de leiders: Nigeria (12,1%), Soedan (10,1%), Zuid-Afrika (9,8%), Algerije (9,5%) en Egypte (8,8%). Het transport per hoofd in Afrika onder de leiders: Zuid-Afrika ($577,5), Algerije ($427,5), Nigeria ($301,1), Egypte ($252,0) en Soedan ($186,2). De groei van het transport onder de leiders: Nigeria (7,0%), Algerije (5,8%), Egypte (5,7%), Soedan (3,9%) en Zuid-Afrika (1,9%).

Hoofdstuk VIII. Handel

Groothandel, detailhandel, restaurants en hotels (ISIC G-H)

De handel van Afrika steeg van US$30,3 miljard per jaar in de jaren 1970 tot US$340,8 miljard per jaar in de jaren 2010, dat wil zeggen met US$310,5 miljard of 11,3 keer. De verandering vond plaats op US$206,2 miljard als gevolg van een 2,5-voudige stijging van de prijzen, en ook op US$48,4 miljard als gevolg van een 1,6-voudige toename van de productiviteit , evenals op US$55,9 miljard als gevolg van de toename van de bevolking. De gemiddelde jaarlijkse groei van de handel is 3,9%. De minimumwaarde van de handel bedroeg US$14,0 miljard in 1970. De maximumwaarde van de handel bedroeg US$384,1 miljard in 2014.

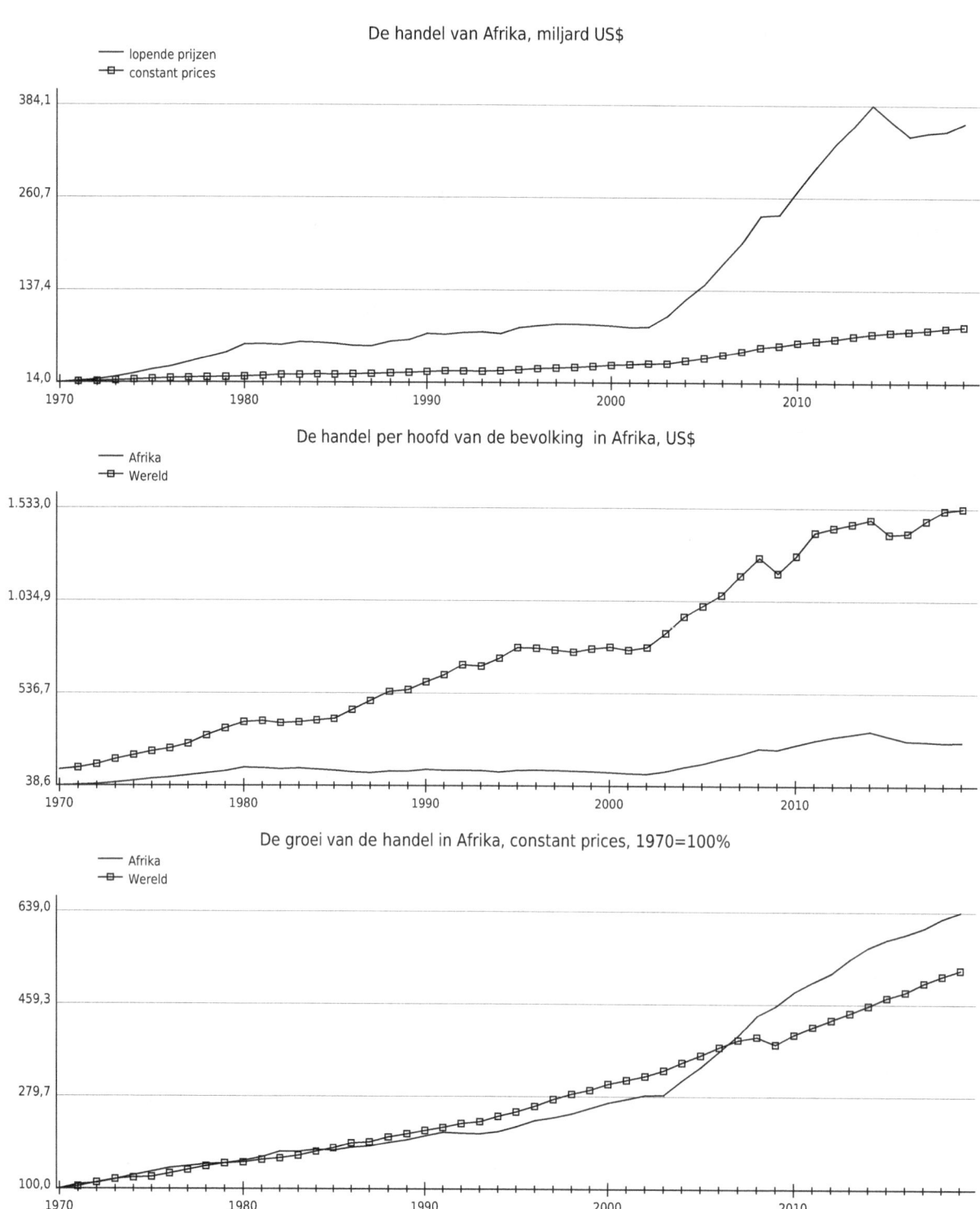

De handel van Afrika, miljard US$

De handel per hoofd van de bevolking in Afrika, US$

De groei van de handel in Afrika, constant prices, 1970=100%

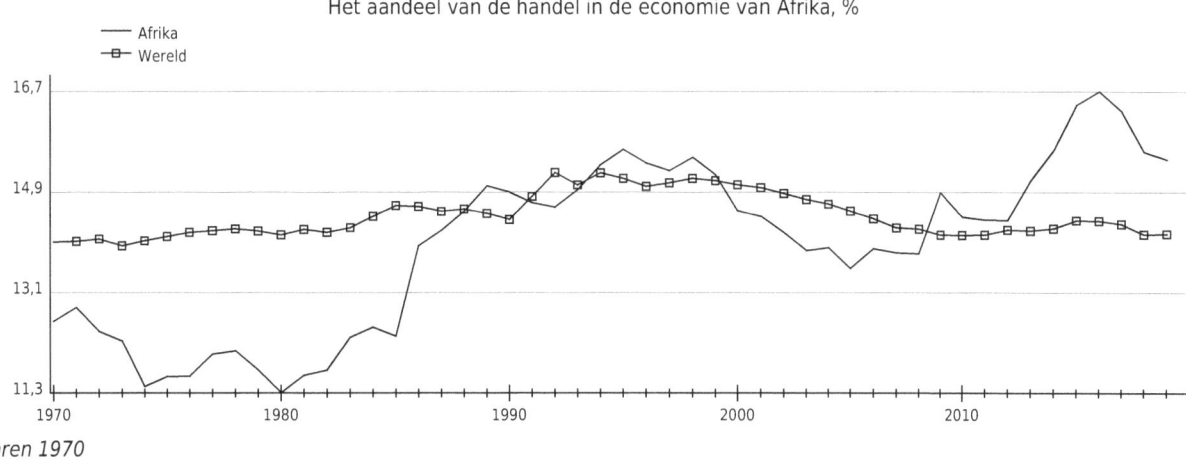

Het aandeel van de handel in de economie van Afrika, %

de jaren 1970

De handel van Afrika bedroeg in de jaren 1970 US$30,3 miljard per jaar. Het aandeel in de wereld was 3,4%.

Het aandeel van de handel in de economie van Afrika was 11,9% in de jaren 1970, en was vergelijkbaar met Bolivia (12,0%), Noord-Afrika (11,9%).

De handel per hoofd in Afrika was $73,8 in de jaren 1970s, en was vergelijkbaar met Kameroen (US$74,3). De handel per hoofd in Afrika was in 3,0 keer lager dan de handel per hoofd van de bevolking in de wereld ($221,0).

De groei van de handel in Afrika bedroeg 4.6% in de jaren 1970, en was vergelijkbaar met de Wereld (4,5%), Panama (4,6%). De groei van de handel in Afrika (4,6%) was groter dan de groei van de handel in de wereld (4,5%).

Vergelijking met regio's. De sector van de handel in Afrika was groter dan in Oceanië (US$12,7 miljard); maar minder dan in Amerika (US$366,6 miljard), in Europa (US$326,5 miljard) en in Azië (US$156,4 miljard). De handel per hoofd in Afrika was groter dan in Azië (US$67,4); maar minder dan in Amerika (US$654,8), in Oceanië (US$597,4) en in Europa (US$450,1). De groei van de handel in Afrika was groter dan in Amerika (4,4%), in Europa (3,6%) en in Oceanië (1,6%); maar minder dan in Azië (7,7%).

Subregio's. De waarde van de handel in Afrika in de jaren 1970 bestond uit: West-Afrika (38,4%), Noord-Afrika (22,2%), Zuidelijk Afrika (15,2%), Oost-Afrika (13,4%) en Centraal-Afrika (10,8%). Het aandeel van de handel in de economie van subregio's: Centraal-Afrika (15,2%), Zuidelijk Afrika (13,4%), Oost-Afrika (12,6%), Noord-Afrika (11,9%) en West-Afrika (10,7%). De handel per hoofd van de bevolking in subregio's: Zuidelijk Afrika ($163,1), West-Afrika ($97,4), Centraal-Afrika ($71,7), Noord-Afrika ($69,8) en Oost-Afrika ($33,7). De groei van de handel in subregio's: Noord-Afrika (7,7%), West-Afrika (5,4%), Zuidelijk Afrika (2,8%), Oost-Afrika (2,3%) en Centraal-Afrika (1,8%).

Leiders. De toegevoegde waarde van de handel in Afrika in de jaren 1970 bestond uit: Nigeria (27,9%), Zuid-Afrika (14,5%), Algerije (6,4%), Egypte (5,5%), Congo-Kinshasa (5,2%), en andere (40,4%). Het aandeel van de handel in economie van de leiders: Congo-Kinshasa (17,0%), Egypte (13,7%), Zuid-Afrika (13,4%), Algerije (12,4%) en Nigeria (9,5%). De sector van de handel per hoofd in Afrika onder de leiders: Zuid-Afrika ($176,4), Nigeria ($134,2), Algerije ($117,5), Congo-Kinshasa ($69,7) en Egypte ($43,7). De groei van de handel onder de leiders: Egypte (9,4%), Algerije (6,8%), Nigeria (4,7%), Congo-Kinshasa (3,6%) en Zuid-Afrika (2,7%).

de jaren 1980

De waarde van de handel in Afrika bedroeg in de jaren 1980 US$66,0 miljard per jaar. Het aandeel in de wereld was 3,1%.

Het aandeel van de handel in de economie van Afrika was 12,8% in de jaren 1980, en was vergelijkbaar met Uruguay (12,8%), Duitsland (12,9%), Finland (12,9%).

De waarde van de handel per hoofd in Afrika was $121,8 in de jaren 1980s, en was vergelijkbaar met Indonesië (US$120,4), Bulgarije (US$123,8). De toegevoegde waarde van de handel per hoofd in Afrika was in 3,6 keer lager dan de handel per hoofd van de bevolking in de wereld ($437,7).

De groei van de handel in Afrika bedroeg 2.7% in de jaren 1980, en was vergelijkbaar met Noord-Europa (2,7%). De groei van de handel in Afrika (2,7%) was minder dan de groei van de handel in de wereld (3,3%).

Vergelijking met regio's. De waarde van de handel in Afrika was groter dan in Oceanië (US$29,6 miljard); maar minder dan in Amerika

(US$839,7 miljard), in Europa (US$707,2 miljard) en in Azië (US$473,2 miljard). De toegevoegde waarde van de handel per hoofd in Afrika was minder dan in Amerika (US$1.268,0), in Oceanië (US$1.193,9), in Europa (US$921,4) en in Azië (US$166,8). De groei van de handel in Afrika was groter dan in Oceanië (2,5%) en in Europa (1,9%); maar minder dan in Azië (5,8%) en in Amerika (3,5%).

Subregio's. De toegevoegde waarde van de handel in Afrika in de jaren 1980 bestond uit: West-Afrika (36,0%), Noord-Afrika (28,0%), Zuidelijk Afrika (15,4%), Oost-Afrika (12,4%) en Centraal-Afrika (8,2%). Het aandeel van de handel in de economie van subregio's: Centraal-Afrika (14,1%), Oost-Afrika (13,9%), Noord-Afrika (13,5%), Zuidelijk Afrika (12,7%) en West-Afrika (11,9%). De handel per hoofd van de bevolking in subregio's: Zuidelijk Afrika ($277,1), West-Afrika ($151,9), Noord-Afrika ($146,4), Centraal-Afrika ($90,2) en Oost-Afrika ($50,4). De groei van de handel in subregio's: Noord-Afrika (4,9%), Zuidelijk Afrika (3,2%), Centraal-Afrika (2,8%), Oost-Afrika (2,8%) en West-Afrika (0,47%).

Leiders. De sector van de handel in Afrika in de jaren 1980 bestond uit: Nigeria (25,5%), Zuid-Afrika (14,7%), Algerije (10,8%), Egypte (6,5%), Marokko (3,9%), en andere (38,7%). Het aandeel van de handel in economie van de leiders: Egypte (19,5%), Marokko (14,8%), Algerije (13,9%), Zuid-Afrika (12,8%) en Nigeria (10,5%). De handel per hoofd in Afrika onder de leiders: Algerije ($323,0), Zuid-Afrika ($301,1), Nigeria ($202,9), Marokko ($115,3) en Egypte ($87,4). De groei van de handel onder de leiders: Egypte (8,1%), Marokko (4,1%), Nigeria (3,5%), Algerije (3,3%) en Zuid-Afrika (3,2%).

de jaren 1990

De sector van de handel in Afrika bedroeg in de jaren 1990 US$85,2 miljard per jaar. Het aandeel in de wereld was 2,1%.

Het aandeel van de handel in de economie van Afrika was 15,2% in de jaren 1990, en was vergelijkbaar met Kameroen (15,2%), Amerika (15,2%), Noord-Amerika (15,2%).

De handel per hoofd in Afrika was $120,3 in de jaren 1990s, en was vergelijkbaar met Senegal (US$120,4), Kameroen (US$119,0). De toegevoegde waarde van de handel per hoofd in Afrika was in 6,0 keer lager dan de handel per hoofd van de bevolking in de wereld ($721,8).

De groei van de handel in Afrika bedroeg 2.8% in de jaren 1990, en was vergelijkbaar met Jemen (2,8%). De groei van de handel in Afrika (2,8%) was minder dan de groei van de handel in de wereld (3,5%).

Vergelijking met regio's. De toegevoegde waarde van de handel in Afrika was groter dan in Oceanië (US$55,4 miljard); maar minder dan in Amerika (US$1,5 biljoen), in Europa (US$1,3 biljoen) en in Azië (US$1,2 biljoen). De waarde van de handel per hoofd in Afrika was minder dan in Amerika (US$1.943,2), in Oceanië (US$1.916,7), in Europa (US$1.798,1) en in Azië (US$337,1). De groei van de handel in Afrika was groter dan in Europa (2,0%); maar minder dan in Azië (4,9%), in Amerika (3,8%) en in Oceanië (3,3%).

Subregio's. De sector van de handel in Afrika in de jaren 1990 bestond uit: Noord-Afrika (35,5%), Zuidelijk Afrika (23,0%), West-Afrika (21,8%), Oost-Afrika (12,7%) en Centraal-Afrika (7,1%). Het aandeel van de handel in de economie van subregio's: West-Afrika (16,9%), Oost-Afrika (16,1%), Noord-Afrika (15,0%), Zuidelijk Afrika (14,3%) en Centraal-Afrika (13,3%). De handel per hoofd van de bevolking in subregio's: Zuidelijk Afrika ($420,4), Noord-Afrika ($189,4), West-Afrika ($91,1), Centraal-Afrika ($73,5) en Oost-Afrika ($50,0). De groei van de handel in subregio's: Noord-Afrika (4,3%), Oost-Afrika (3,9%), West-Afrika (2,5%), Zuidelijk Afrika (2,1%) en Centraal-Afrika (-1,3%).

Leiders. De sector van de handel in Afrika in de jaren 1990 bestond uit: Zuid-Afrika (21,7%), Egypte (13,2%), Nigeria (10,6%), Algerije (8,1%), Marokko (5,3%), en andere (41,1%). Het aandeel van de handel in economie van de leiders: Egypte (19,0%), Nigeria (16,3%), Algerije (14,8%), Zuid-Afrika (14,5%) en Marokko (13,8%). De toegevoegde waarde van de handel per hoofd in Afrika onder de leiders: Zuid-Afrika ($454,0), Algerije ($242,8), Egypte ($182,0), Marokko ($168,4) en Nigeria ($84,5). De groei van de handel onder de leiders: Egypte (5,1%), Marokko (2,6%), Nigeria (2,0%), Zuid-Afrika (1,8%) en Algerije (1,4%).

de jaren 2000

De toegevoegde waarde van de handel in Afrika bedroeg in de jaren 2000 US$148,7 miljard per jaar. Het aandeel in de wereld was 2,3%.

Het aandeel van de handel in de economie van Afrika was 14,1% in de jaren 2000, en was vergelijkbaar met Paraguay (14,1%), Benin (14,1%), Noord-Macedonië (14,1%).

De handel per hoofd in Afrika was $164,0 in de jaren 2000s, en was vergelijkbaar met Congo (US$163,7), Djibouti (US$162,7), Zambia (US$165,8). De toegevoegde waarde van de handel per hoofd in Afrika was in 6,0 keer lager dan de handel per hoofd van de bevolking in de wereld ($990,3).

De groei van de handel in Afrika bedroeg 5.9% in de jaren 2000, en was vergelijkbaar met Zuidwest-Azië (5,8%), Botswana (5,9%), Jordanië (5,9%). De groei van de handel in Afrika (5,9%) was groter dan de groei van de handel in de wereld (2,7%).

Vergelijking met regio's. De handel van Afrika was groter dan in Oceanië (US$97,4 miljard); maar minder dan in Amerika (US$2,4 biljoen), in Europa (US$2,0 biljoen) en in Azië (US$1,7 biljoen). De handel per hoofd in Afrika was minder dan in Oceanië (US$2,9 duizend), in Europa (US$2,8 duizend), in Amerika (US$2,8 duizend) en in Azië (US$438,7). De groei van de handel in Afrika was groter dan in Azië (4,5%), in Oceanië (3,0%), in Europa (2,2%) en in Amerika (1,6%).

Subregio's. De sector van de handel in Afrika in de jaren 2000 bestond uit: Noord-Afrika (30,8%), West-Afrika (28,6%), Zuidelijk Afrika (20,4%), Oost-Afrika (11,4%) en Centraal-Afrika (8,7%). Het aandeel van de handel in de economie van subregio's: West-Afrika (16,4%), Oost-Afrika (15,0%), Zuidelijk Afrika (14,1%), Centraal-Afrika (13,2%) en Noord-Afrika (12,4%). De handel per hoofd van de bevolking in subregio's: Zuidelijk Afrika ($557,8), Noord-Afrika ($240,7), West-Afrika ($160,4), Centraal-Afrika ($116,9) en Oost-Afrika ($59,5). De groei van de handel in subregio's: West-Afrika (8,0%), Centraal-Afrika (7,8%), Oost-Afrika (5,6%), Noord-Afrika (4,5%) en Zuidelijk Afrika (4,0%).

Leiders. De handel van Afrika in de jaren 2000 bestond uit: Nigeria (20,3%), Zuid-Afrika (18,8%), Egypte (10,9%), Algerije (7,2%), Marokko (4,9%), en andere (37,9%). Het aandeel van de handel in economie van de leiders: Nigeria (17,0%), Egypte (15,3%), Zuid-Afrika (14,1%), Marokko (13,0%) en Algerije (11,2%). De toegevoegde waarde van de handel per hoofd in Afrika onder de leiders: Zuid-Afrika ($586,4), Algerije ($322,9), Marokko ($242,0), Nigeria ($219,6) en Egypte ($215,7). De groei van de handel onder de leiders: Nigeria (12,0%), Algerije (7,8%), Zuid-Afrika (3,9%), Marokko (3,9%) en Egypte (3,3%).

de jaren 2010

De handel van Afrika bedroeg in de jaren 2010 US$340,8 miljard per jaar. Het aandeel in de wereld was 3,2%.

Het aandeel van de handel in de economie van Afrika was 15,5% in de jaren 2010, en was vergelijkbaar met Brazilië (15,5%), Egypte (15,4%), Vietnam (15,4%).

De sector van de handel per hoofd in Afrika was $291,7 in de jaren 2010s. De sector van de handel per hoofd in Afrika was in 4,9 keer lager dan de handel per hoofd van de bevolking in de wereld ($1.436,8).

De groei van de handel in Afrika bedroeg 3.4% in de jaren 2010, en was vergelijkbaar met Tuvalu (3,4%), Burkina Faso (3,4%), Cuba (3,4%). De groei van de handel in Afrika (3,4%) was groter dan de groei van de handel in de wereld (3,3%).

Vergelijking met regio's. De toegevoegde waarde van de handel in Afrika was 90,8% groter dan in Oceanië (US$178,6 miljard); maar 10,9 keer minder dan in Amerika (US$3,7 biljoen), 10,6 keer minder dan in Azië (US$3,6 biljoen) en 7,9 keer minder dan in Europa (US$2,7 biljoen). De handel per hoofd in Afrika was 15,6 keer minder dan in Oceanië (US$4,6 duizend), 13,0 keer minder dan in Amerika (US$3,8 duizend), 12,4 keer minder dan in Europa (US$3,6 duizend) en 2,8 keer minder dan in Azië (US$821,1). De groei van de handel in Afrika was groter dan in Amerika (2,1%), in Oceanië (2,0%) en in Europa (2,0%); maar minder dan in Azië (5,6%).

Subregio's. De toegevoegde waarde van de handel in Afrika in de jaren 2010 bestond uit: West-Afrika (32,1%), Noord-Afrika (28,1%), Zuidelijk Afrika (15,7%), Oost-Afrika (12,9%) en Centraal-Afrika (11,3%). Het aandeel van de handel in de economie van subregio's: West-Afrika (17,4%), Centraal-Afrika (16,1%), Oost-Afrika (15,1%), Zuidelijk Afrika (15,1%) en Noord-Afrika (13,8%). De handel per hoofd van de bevolking in subregio's: Zuidelijk Afrika ($853,8), Noord-Afrika ($432,5), West-Afrika ($314,3), Centraal-Afrika ($251,9) en Oost-Afrika ($114,5). De groei van de handel in subregio's: Oost-Afrika (6,7%), Noord-Afrika (3,2%), West-Afrika (3,1%), Centraal-Afrika (2,9%) en Zuidelijk Afrika (2,3%).

Leiders. De handel van Afrika in de jaren 2010 bestond uit: Nigeria (23,9%), Zuid-Afrika (14,1%), Egypte (11,9%), Algerije (6,9%), Angola (6,5%), en andere (36,7%). Het aandeel van de handel in economie van de leiders: Angola (19,4%), Nigeria (18,3%), Egypte (15,4%), Zuid-Afrika (14,9%) en Algerije (13,3%). De sector van de handel per hoofd in Afrika onder de leiders: Zuid-Afrika ($875,4), Angola ($802,4), Algerije ($600,5), Nigeria ($454,3) en Egypte ($443,2). De groei van de handel onder de leiders: Algerije (5,4%), Egypte (3,8%), Nigeria (3,8%), Angola (2,5%) en Zuid-Afrika (2,0%).

Hoofdstuk IX. Diensten

(ISIC J-P)

De sector van de diensten in Afrika steeg van US$64,0 miljard per jaar in de jaren 1970 tot US$617,1 miljard per jaar in de jaren 2010, dat wil zeggen met US$553,1 miljard of 9,6 keer. De verandering vond plaats op US$311,6 miljard als gevolg van een 2,0-voudige stijging van de prijzen, en ook op US$123,3 miljard als gevolg van een 1,7-voudige toename van de productiviteit , evenals op US$118,2 miljard als gevolg van de toename van de bevolking. De gemiddelde jaarlijkse groei van de diensten is 4,1%. De minimumwaarde van de diensten bedroeg US$28,7 miljard in 1970. De maximumwaarde van de diensten bedroeg US$679,7 miljard in 2014.

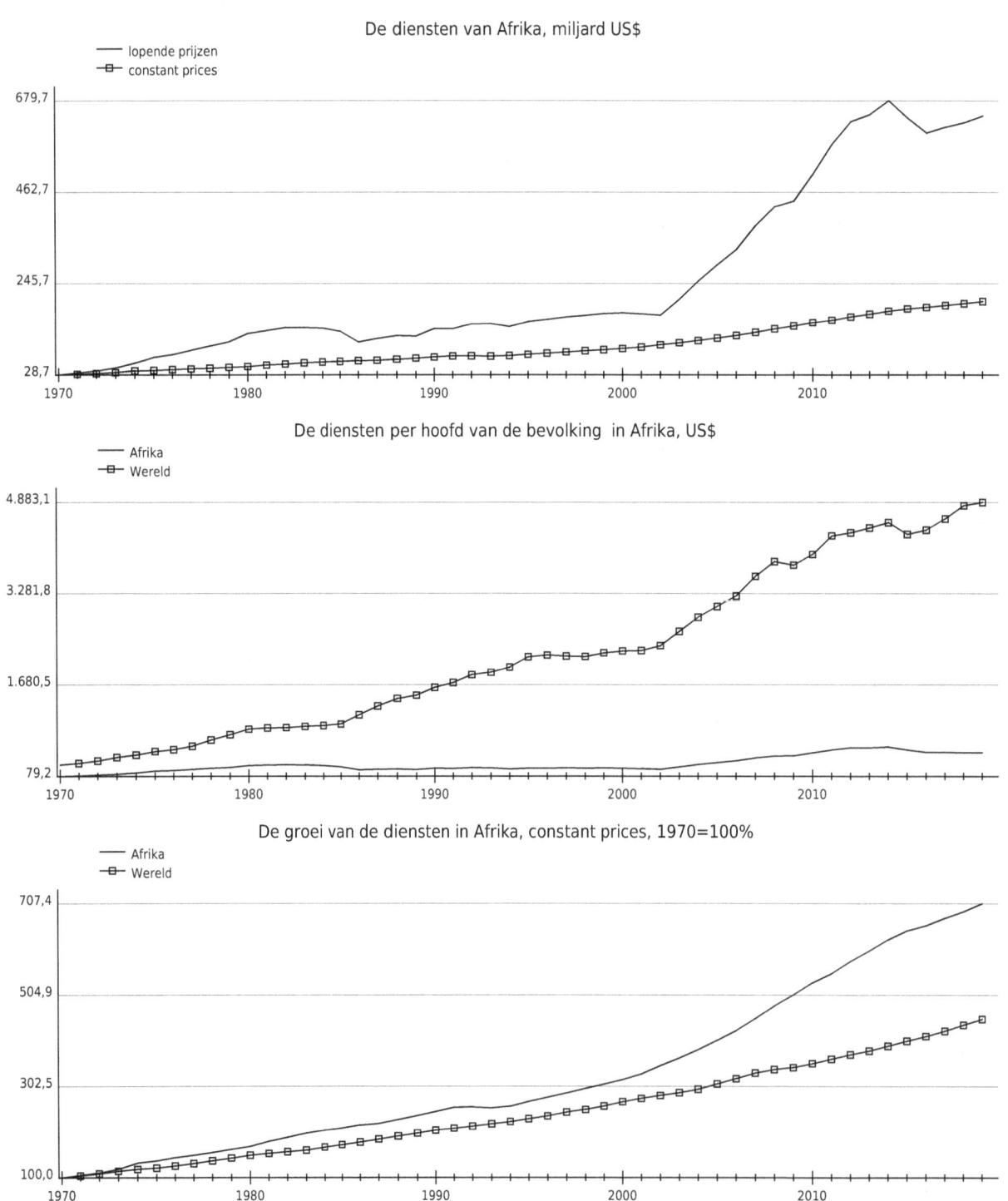

De diensten van Afrika, miljard US$

De diensten per hoofd van de bevolking in Afrika, US$

De groei van de diensten in Afrika, constant prices, 1970=100%

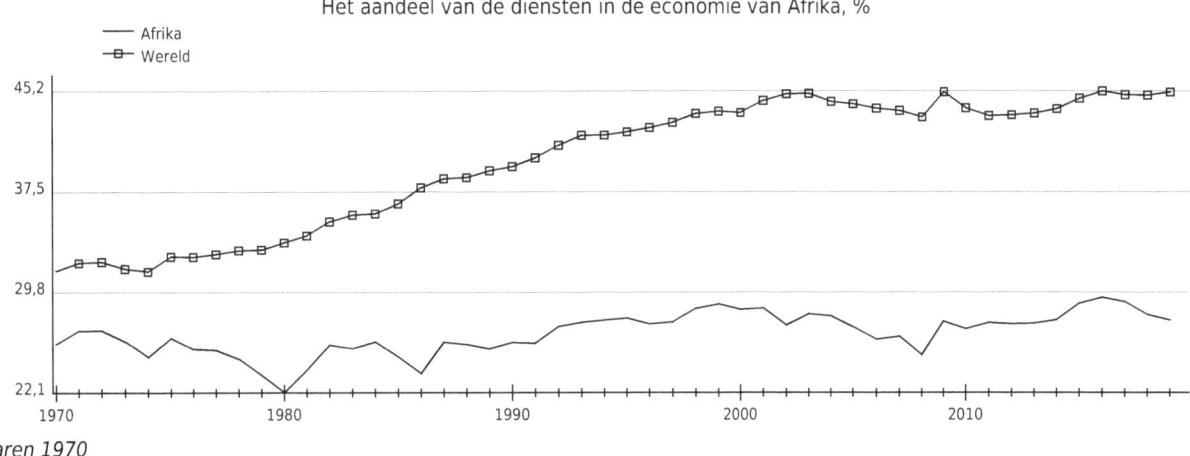

Het aandeel van de diensten in de economie van Afrika, %

de jaren 1970

De diensten van Afrika bedroegen in de jaren 1970 US$64,0 miljard per jaar. Het aandeel in de wereld was 3,1%.

Het aandeel van de diensten in de economie van Afrika was 25,2% in de jaren 1970, en was vergelijkbaar met Malta (25,3%), Madagaskar (25,3%), Nigeria (25,1%).

De sector van de diensten per hoofd in Afrika was $156,0 in de jaren 1970s, en was vergelijkbaar met Syrië (US$155,2), Saint Vincent en de Grenadines (US$154,1). De waarde van de diensten per hoofd in Afrika was in 3,2 keer lager dan de diensten per hoofd van de bevolking in de wereld ($506,9).

De groei van de diensten in Afrika bedroeg 5.5% in de jaren 1970, en was vergelijkbaar met Griekenland (5,5%), China (5,5%), Centraal-Amerika (5,5%). De groei van de diensten in Afrika (5,5%) was groter dan de groei van de diensten in de wereld (4,1%).

Vergelijking met regio's. De diensten van Afrika waren groter dan in Oceanië (US$39,4 miljard); maar minder dan in Amerika (US$841,3 miljard), in Europa (US$819,9 miljard) en in Azië (US$282,2 miljard). De sector van de diensten per hoofd in Afrika was groter dan in Azië (US$121,6); maar minder dan in Oceanië (US$1.847,3), in Amerika (US$1.502,8) en in Europa (US$1.130,2). De groei van de diensten in Afrika was groter dan in Oceanië (4,0%), in Europa (3,7%) en in Amerika (3,7%); maar minder dan in Azië (6,5%).

Subregio's. De sector van de diensten in Afrika in de jaren 1970 bestond uit: West-Afrika (41,2%), Noord-Afrika (22,5%), Zuidelijk Afrika (15,5%), Oost-Afrika (12,0%) en Centraal-Afrika (8,7%). Het aandeel van de diensten in de economie van subregio's: Zuidelijk Afrika (28,9%), Centraal-Afrika (26,0%), Noord-Afrika (25,3%), West-Afrika (24,2%) en Oost-Afrika (23,8%). De diensten per hoofd van de bevolking in subregio's: Zuidelijk Afrika ($352,6), West-Afrika ($221,4), Noord-Afrika ($149,1), Centraal-Afrika ($122,2) en Oost-Afrika ($63,9). De groei van de diensten in subregio's: West-Afrika (9,3%), Noord-Afrika (8,6%), Oost-Afrika (5,1%), Zuidelijk Afrika (3,8%) en Centraal-Afrika (1,2%).

Leiders. De sector van de diensten in Afrika in de jaren 1970 bestond uit: Nigeria (34,9%), Zuid-Afrika (14,7%), Algerije (6,6%), Egypte (5,1%), Libië (4,4%), en andere (34,4%). Het aandeel van de diensten in economie van de leiders: Zuid-Afrika (28,8%), Algerije (26,9%), Egypte (26,7%), Nigeria (25,1%) en Libië (20,9%). De waarde van de diensten per hoofd in Afrika onder de leiders: Libië ($1.082,4), Zuid-Afrika ($378,7), Nigeria ($354,0), Algerije ($254,8) en Egypte ($84,9). De groei van de diensten onder de leiders: Nigeria (11,4%), Egypte (9,8%), Libië (9,5%), Algerije (9,1%) en Zuid-Afrika (3,7%).

de jaren 1980

De diensten van Afrika bedroegen in de jaren 1980 US$127,7 miljard per jaar. Het aandeel in de wereld was 2,4%.

Het aandeel van de diensten in de economie van Afrika was 24,8% in de jaren 1980, en was vergelijkbaar met Hongarije (24,8%).

De waarde van de diensten per hoofd in Afrika was $235,7 in de jaren 1980s, en was vergelijkbaar met Senegal (US$240,6). De waarde van de diensten per hoofd in Afrika was in 4,7 keer lager dan de diensten per hoofd van de bevolking in de wereld ($1.115,5).

De groei van de diensten in Afrika bedroeg 3.9% in de jaren 1980, en was vergelijkbaar met Sri Lanka (3,9%). De groei van de diensten in Afrika (3,9%) was groter dan de groei van de diensten in de wereld (3,3%).

Vergelijking met regio's. De sector van de diensten in Afrika was groter dan in Oceanië (US$97,5 miljard); maar minder dan in Amerika

(US$2,3 biljoen), in Europa (US$1,9 biljoen) en in Azië (US$997,1 miljard). De waarde van de diensten per hoofd in Afrika was minder dan in Oceanië (US$3,9 duizend), in Amerika (US$3,5 duizend), in Europa (US$2,4 duizend) en in Azië (US$351,5). De groei van de diensten in Afrika was groter dan in Europa (3,0%) en in Amerika (2,8%); maar minder dan in Azië (5,3%) en in Oceanië (4,0%).

Subregio's. De diensten van Afrika in de jaren 1980 bestonden uit: West-Afrika (36,2%), Noord-Afrika (26,0%), Zuidelijk Afrika (18,7%), Oost-Afrika (11,8%) en Centraal-Afrika (7,3%). Het aandeel van de diensten in de economie van subregio's: Zuidelijk Afrika (29,8%), Oost-Afrika (25,6%), Noord-Afrika (24,3%), Centraal-Afrika (24,2%) en West-Afrika (23,1%). De diensten per hoofd van de bevolking in subregio's: Zuidelijk Afrika ($651,1), West-Afrika ($295,8), Noord-Afrika ($263,4), Centraal-Afrika ($154,8) en Oost-Afrika ($92,5). De groei van de diensten in subregio's: Noord-Afrika (5,2%), West-Afrika (3,7%), Oost-Afrika (3,6%), Zuidelijk Afrika (3,4%) en Centraal-Afrika (1,9%).

Leiders. De waarde van de diensten in Afrika in de jaren 1980 bestond uit: Nigeria (29,7%), Zuid-Afrika (17,6%), Algerije (8,8%), Libië (6,5%), Marokko (3,7%), en andere (33,7%). Het aandeel van de diensten in economie van de leiders: Zuid-Afrika (29,5%), Libië (28,2%), Marokko (27,1%), Nigeria (23,7%) en Algerije (21,9%). De sector van de diensten per hoofd in Afrika onder de leiders: Libië ($2.203,7), Zuid-Afrika ($695,4), Algerije ($507,5), Nigeria ($458,4) en Marokko ($211,8). De groei van de diensten onder de leiders: Marokko (5,9%), Nigeria (4,1%), Algerije (3,3%), Zuid-Afrika (3,3%) en Libië (1,6%).

de jaren 1990

De toegevoegde waarde van de diensten in Afrika bedroeg in de jaren 1990 US$154,3 miljard per jaar, en was vergelijkbaar met Centraal-Amerika (US$155,0 miljard), Australië (US$156,7 miljard). Het aandeel in de wereld was 1,3%.

Het aandeel van de diensten in de economie van Afrika was 27,5% in de jaren 1990, en was vergelijkbaar met Jemen (27,4%), Ecuador (27,4%), Noord-Korea (27,3%).

De sector van de diensten per hoofd in Afrika was $217,8 in de jaren 1990s, en was vergelijkbaar met Egypte (US$215,7), Honduras (US$223,3). De toegevoegde waarde van de diensten per hoofd in Afrika was in 9,2 keer lager dan de diensten per hoofd van de bevolking in de wereld ($2.014,6).

De groei van de diensten in Afrika bedroeg 2.6% in de jaren 1990, en was vergelijkbaar met Tanzania (2,6%). De groei van de diensten in Afrika (2,6%) was minder dan de groei van de diensten in de wereld (2,7%).

Vergelijking met regio's. De sector van de diensten in Afrika was minder dan in Amerika (US$4,8 biljoen), in Europa (US$3,8 biljoen), in Azië (US$2,5 biljoen) en in Oceanië (US$185,7 miljard). De sector van de diensten per hoofd in Afrika was minder dan in Oceanië (US$6,4 duizend), in Amerika (US$6,2 duizend), in Europa (US$5,3 duizend) en in Azië (US$732,9). De groei van de diensten in Afrika was groter dan in Amerika (2,4%) en in Europa (2,1%); maar minder dan in Azië (4,5%) en in Oceanië (3,6%).

Subregio's. De waarde van de diensten in Afrika in de jaren 1990 bestond uit: Noord-Afrika (34,9%), Zuidelijk Afrika (33,7%), West-Afrika (14,4%), Oost-Afrika (11,0%) en Centraal-Afrika (6,0%). Het aandeel van de diensten in de economie van subregio's: Zuidelijk Afrika (37,9%), Noord-Afrika (26,6%), Oost-Afrika (25,3%), Centraal-Afrika (20,4%) en West-Afrika (20,2%). De diensten per hoofd van de bevolking in subregio's: Zuidelijk Afrika ($1.113,5), Noord-Afrika ($337,0), Centraal-Afrika ($112,9), West-Afrika ($109,2) en Oost-Afrika ($78,7). De groei van de diensten in subregio's: West-Afrika (3,9%), Noord-Afrika (3,5%), Oost-Afrika (2,5%), Zuidelijk Afrika (2,1%) en Centraal-Afrika (-1,2%).

Leiders. De sector van de diensten in Afrika in de jaren 1990 bestond uit: Zuid-Afrika (31,3%), Libië (9,0%), Egypte (8,6%), Nigeria (6,8%), Marokko (6,7%), en andere (37,6%). Het aandeel van de diensten in economie van de leiders: Libië (38,8%), Zuid-Afrika (37,9%), Marokko (31,4%), Egypte (22,5%) en Nigeria (19,1%). De waarde van de diensten per hoofd in Afrika onder de leiders: Libië ($2.850,0), Zuid-Afrika ($1.182,3), Marokko ($384,1), Egypte ($215,7) en Nigeria ($98,7). De groei van de diensten onder de leiders: Egypte (4,7%), Nigeria (4,1%), Marokko (3,6%), Zuid-Afrika (2,0%) en Libië (1,8%).

de jaren 2000

De toegevoegde waarde van de diensten in Afrika bedroeg in de jaren 2000 US$284,9 miljard per jaar, en was vergelijkbaar met Mexico (US$283,1 miljard). Het aandeel in de wereld was 1,5%.

Het aandeel van de diensten in de economie van Afrika was 27,0% in de jaren 2000, en was vergelijkbaar met Papoea-Nieuw-Guinea (26,8%), Kameroen (27,2%).

De sector van de diensten per hoofd in Afrika was $314,3 in de jaren 2000s, en was vergelijkbaar met Bolivia (US$313,8). De waarde van de diensten per hoofd in Afrika was in 9,6 keer lager dan de diensten per hoofd van de bevolking in de wereld ($3.011,2).

De groei van de diensten in Afrika bedroeg 5.1% in de jaren 2000, en was vergelijkbaar met Marokko (5,1%), Lesotho (5,1%), Burkina Faso (5,1%). De groei van de diensten in Afrika (5,1%) was groter dan de groei van de diensten in de wereld (2,9%).

Vergelijking met regio's. De toegevoegde waarde van de diensten in Afrika was minder dan in Amerika (US$8,3 biljoen), in Europa (US$6,4 biljoen), in Azië (US$4,2 biljoen) en in Oceanië (US$370,5 miljard). De waarde van de diensten per hoofd in Afrika was minder dan in Oceanië (US$11,1 duizend), in Amerika (US$9,4 duizend), in Europa (US$8,8 duizend) en in Azië (US$1.071,6). De groei van de diensten in Afrika was groter dan in Oceanië (3,2%), in Amerika (2,2%) en in Europa (2,0%); maar minder dan in Azië (5,5%).

Subregio's. De toegevoegde waarde van de diensten in Afrika in de jaren 2000 bestond uit: Zuidelijk Afrika (31,1%), Noord-Afrika (29,9%), West-Afrika (21,2%), Oost-Afrika (10,9%) en Centraal-Afrika (6,8%). Het aandeel van de diensten in de economie van subregio's: Zuidelijk Afrika (41,2%), Oost-Afrika (27,5%), West-Afrika (23,3%), Noord-Afrika (23,0%) en Centraal-Afrika (19,9%). De diensten per hoofd van de bevolking in subregio's: Zuidelijk Afrika ($1.629,5), Noord-Afrika ($447,6), West-Afrika ($228,0), Centraal-Afrika ($176,0) en Oost-Afrika ($108,9). De groei van de diensten in subregio's: West-Afrika (6,3%), Oost-Afrika (5,7%), Noord-Afrika (4,9%), Centraal-Afrika (4,9%) en Zuidelijk Afrika (4,2%).

Leiders. De waarde van de diensten in Afrika in de jaren 2000 bestond uit: Zuid-Afrika (28,9%), Nigeria (14,5%), Egypte (9,1%), Marokko (7,2%), Algerije (5,3%), en andere (35,0%). Het aandeel van de diensten in economie van de leiders: Zuid-Afrika (41,7%), Marokko (36,3%), Egypte (24,5%), Nigeria (23,2%) en Algerije (15,8%). De diensten per hoofd in Afrika onder de leiders: Zuid-Afrika ($1.730,4), Marokko ($673,3), Algerije ($456,5), Egypte ($345,4) en Nigeria ($300,3). De groei van de diensten onder de leiders: Nigeria (6,8%), Marokko (5,1%), Egypte (5,0%), Algerije (4,4%) en Zuid-Afrika (4,1%).

de jaren 2010

De waarde van de diensten in Afrika bedroeg in de jaren 2010 US$617,1 miljard per jaar. Het aandeel in de wereld was 1,9%.

Het aandeel van de diensten in de economie van Afrika was 28,0% in de jaren 2010, en was vergelijkbaar met de Comoren (28,0%), Oeganda (28,0%), Madagaskar (27,9%).

De diensten per hoofd in Afrika waren $528,2 in de jaren 2010s, en waren vergelijkbaar met Congo-Brazzaville (US$531,1), Oost-Timor (US$524,4), India (US$523,5). De toegevoegde waarde van de diensten per hoofd in Afrika was in 8,5 keer lager dan de diensten per hoofd van de bevolking in de wereld ($4.467,8).

De groei van de diensten in Afrika bedroeg 3.4% in de jaren 2010, en was vergelijkbaar met Israël (3,4%), Chili (3,4%), Zuid-Korea (3,4%). De groei van de diensten in Afrika (3,4%) was groter dan de groei van de diensten in de wereld (2,7%).

Vergelijking met regio's. De waarde van de diensten in Afrika was 20,8 keer minder dan in Amerika (US$12,8 biljoen), 15,3 keer minder dan in Azië (US$9,4 biljoen), 14,7 keer minder dan in Europa (US$9,1 biljoen) en 22,3% minder dan in Oceanië (US$794,2 miljard). De waarde van de diensten per hoofd in Afrika was 38,3 keer minder dan in Oceanië (US$20,2 duizend), 25,0 keer minder dan in Amerika (US$13,2 duizend), 23,1 keer minder dan in Europa (US$12,2 duizend) en 4,0 keer minder dan in Azië (US$2,1 duizend). De groei van de diensten in Afrika was groter dan in Oceanië (2,9%), in Amerika (1,8%) en in Europa (1,3%); maar minder dan in Azië (5,4%).

Subregio's. De sector van de diensten in Afrika in de jaren 2010 bestond uit: Noord-Afrika (31,0%), Zuidelijk Afrika (24,6%), West-Afrika (24,1%), Oost-Afrika (12,4%) en Centraal-Afrika (7,8%). Het aandeel van de diensten in de economie van subregio's: Zuidelijk Afrika (42,9%), Noord-Afrika (27,7%), Oost-Afrika (26,3%), West-Afrika (23,7%) en Centraal-Afrika (20,3%). De diensten per hoofd van de bevolking in subregio's: Zuidelijk Afrika ($2.431,4), Noord-Afrika ($864,5), West-Afrika ($428,1), Centraal-Afrika ($316,7) en Oost-Afrika ($199,3). De groei van de diensten in subregio's: Oost-Afrika (6,0%), West-Afrika (3,9%), Noord-Afrika (3,1%), Centraal-Afrika (2,7%) en Zuidelijk Afrika (2,4%).

Leiders. De toegevoegde waarde van de diensten in Afrika in de jaren 2010 bestond uit: Zuid-Afrika (22,6%), Nigeria (16,8%), Egypte (11,7%), Algerije (6,6%), Marokko (5,9%), en andere (36,5%). Het aandeel van de diensten in economie van de leiders: Zuid-Afrika (43,3%), Marokko (38,3%), Egypte (27,4%), Nigeria (23,3%) en Algerije (22,8%). De sector van de diensten per hoofd in Afrika onder de leiders: Zuid-Afrika ($2.537,1), Marokko ($1.060,3), Algerije ($1.029,1), Egypte ($787,3) en Nigeria ($578,2). De groei van de diensten onder de leiders: Marokko (4,8%), Algerije (4,1%), Egypte (4,0%), Nigeria (3,2%) en Zuid-Afrika (2,2%).

Part III. Externe betrekkingen

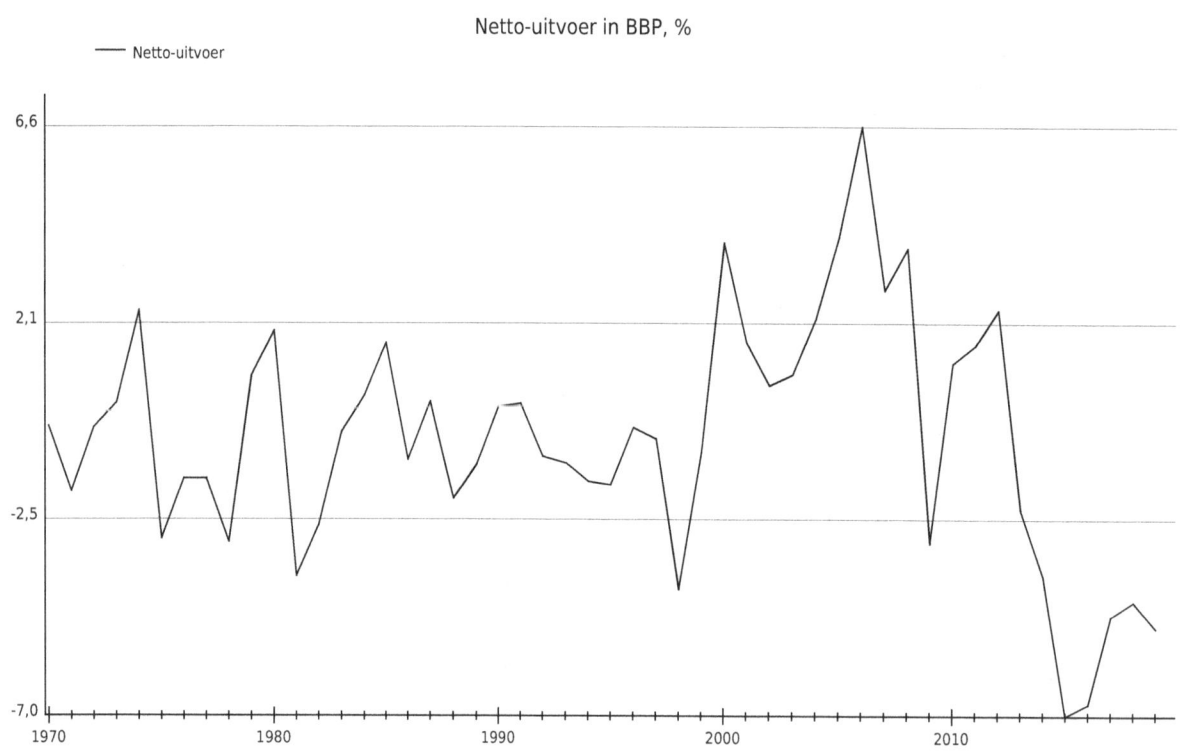

Netto-uitvoer in BBP, %

Hoofdstuk X. Uitvoer

Uitvoer van goederen en diensten

De waarde van de export in Afrika steeg van US$56,2 miljard per jaar in de jaren 1970 tot US$624,2 miljard per jaar in de jaren 2010, dat wil zeggen met US$568,0 miljard of 11,1 keer. De verandering vond plaats op US$502,2 miljard als gevolg van een 5,1-voudige stijging van de prijzen, en ook op -US$37,9 miljard als gevolg van een 1,3-voudige afname van het tarief per hoofd , evenals op US$103,8 miljard als gevolg van de toename van de bevolking. De gemiddelde jaarlijkse groei van de export is 2,2%. De minimumwaarde van de export bedroeg US$23,5 miljard in 1970. De maximumwaarde van de export bedroeg US$788,9 miljard in 2012.

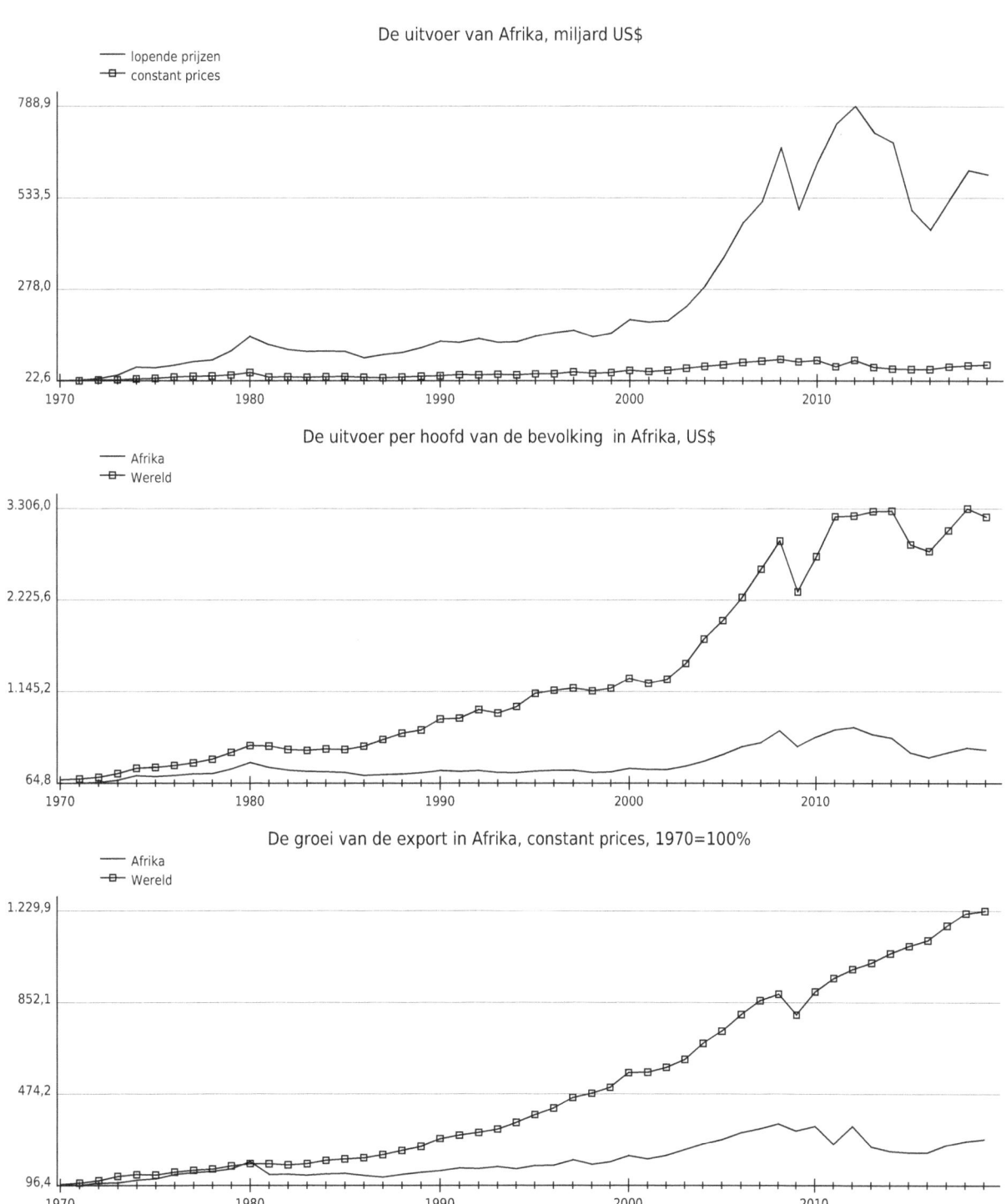

De uitvoer van Afrika, miljard US$

De uitvoer per hoofd van de bevolking in Afrika, US$

De groei van de export in Afrika, constant prices, 1970=100%

Het aandeel van de export in het BBP van Afrika, %

de jaren 1970

De uitvoer van Afrika bedroeg in de jaren 1970 US$56,2 miljard per jaar. Het aandeel in de wereld was 5,7%.

Het aandeel van de export in het BBP van Afrika was 21,1% in de jaren 1970, en was vergelijkbaar met Senegal (21,2%).

De waarde van de export per hoofd in Afrika was $137,0 in de jaren 1970s, en was vergelijkbaar met Argentinië (US$137,3), Zuid-Amerika (US$138,8), Roemenië (US$139,2). De uitvoer per hoofd in Afrika was 43,4% lager dan de export per hoofd van de bevolking in de wereld ($242,1).

De groei van de export in Afrika bedroeg 5.7% in de jaren 1970, en was vergelijkbaar met West-Europa (5,6%), de Nederland (5,6%). De groei van de export in Afrika (5,7%) was minder dan de groei van de export in de wereld (6,5%).

Vergelijking met regio's. De uitvoer van Afrika was groter dan in Oceanië (US$18,8 miljard); maar minder dan in Europa (US$469,2 miljard), in Amerika (US$222,4 miljard) en in Azië (US$210,9 miljard). De uitvoer per hoofd in Afrika was groter dan in Azië (US$90,8); maar minder dan in Oceanië (US$882,5), in Europa (US$646,7) en in Amerika (US$397,2). De groei van de export in Afrika was groter dan in Oceanië (4,4%); maar minder dan in Azië (7,9%), in Amerika (6,4%) en in Europa (6,1%).

Subregio's. De waarde van de export in Afrika in de jaren 1970 bestond uit: Noord-Afrika (35,7%), West-Afrika (21,6%), Zuidelijk Afrika (19,2%), Centraal-Afrika (12,8%) en Oost-Afrika (10,8%). Het aandeel van de export in het BBP van subregio's: Noord-Afrika (33,4%), Centraal-Afrika (32,9%), Zuidelijk Afrika (29,3%), Oost-Afrika (17,7%) en West-Afrika (10,7%). De uitvoer per hoofd van de bevolking in subregio's: Zuidelijk Afrika ($382,8), Noord-Afrika ($207,6), Centraal-Afrika ($158,0), West-Afrika ($101,6) en Oost-Afrika ($50,2). De groei van de export in subregio's: Noord-Afrika (6,9%), Centraal-Afrika (5,0%), West-Afrika (4,0%), Oost-Afrika (1,8%) en Zuidelijk Afrika (1,3%).

Leiders. De waarde van de export in Afrika in de jaren 1970 bestond uit: Zuid-Afrika (17,3%), Libië (17,1%), Nigeria (13,4%), Algerije (8,1%), Congo-Kinshasa (5,3%), en andere (38,8%). Het aandeel van de export in BBP van de leiders: Libië (69,8%), Congo-Kinshasa (30,7%), Algerije (29,6%), Zuid-Afrika (27,9%) en Nigeria (8,1%). De waarde van de export per hoofd in Afrika onder de leiders: Libië ($3.697,8), Zuid-Afrika ($391,6), Algerije ($276,8), Congo-Kinshasa ($130,6) en Nigeria ($119,2). De groei van de export onder de leiders: Congo-Kinshasa (9,4%), Libië (7,6%), Nigeria (6,9%), Algerije (2,5%) en Zuid-Afrika (0,92%).

de jaren 1980

De waarde van de export in Afrika bedroeg in de jaren 1980 US$109,1 miljard per jaar. Het aandeel in de wereld was 4,3%.

Het aandeel van de export in het BBP van Afrika was 20,3% in de jaren 1980, en was vergelijkbaar met Polen (20,3%), El Salvador (20,2%), Polynesië (20,5%).

De waarde van de export per hoofd in Afrika was $201,4 in de jaren 1980s, en was vergelijkbaar met Syrië (US$203,8), Samoa (US$204,3), Marokko (US$204,7). De waarde van de export per hoofd in Afrika was in 2,6 keer lager dan de export per hoofd van de bevolking in de wereld ($529,9).

De groei van de export in Afrika bedroeg -0.9% in de jaren 1980, en was vergelijkbaar met Zuidwest-Azië (-0,88%). De groei van de export in Afrika (-0,87%) was minder dan de groei van de export in de wereld (3,8%).

Vergelijking met regio's. De uitvoer van Afrika was groter dan in Oceanië (US$44,1 miljard); maar minder dan in Europa (US$1,2 biljoen), in Azië (US$649,8 miljard) en in Amerika (US$590,0 miljard). De waarde van de export per hoofd in Afrika was minder dan in Oceanië (US$1.779,0), in Europa (US$1.521,7), in Amerika (US$890,9) en in Azië (US$229,0). De groei van de export in Afrika was minder dan in Amerika (5,1%), in Oceanië (4,3%), in Azië (4,1%) en in Europa (4,0%).

Subregio's. De uitvoer van Afrika in de jaren 1980 bestond uit: Noord-Afrika (35,6%), Zuidelijk Afrika (23,4%), West-Afrika (20,3%), Centraal-Afrika (12,4%) en Oost-Afrika (8,4%). Het aandeel van de export in het BBP van subregio's: Centraal-Afrika (34,4%), Zuidelijk Afrika (29,1%), Noord-Afrika (27,1%), Oost-Afrika (14,2%) en West-Afrika (10,9%). De uitvoer per hoofd van de bevolking in subregio's: Zuidelijk Afrika ($695,6), Noord-Afrika ($307,7), Centraal-Afrika ($224,2), West-Afrika ($141,7) en Oost-Afrika ($56,1). De groei van de export in subregio's: Centraal-Afrika (5,0%), West-Afrika (3,5%), Oost-Afrika (2,4%), Zuidelijk Afrika (1,8%) en Noord-Afrika (-2,4%).

Leiders. De uitvoer van Afrika in de jaren 1980 bestond uit: Zuid-Afrika (21,0%), Libië (12,6%), Nigeria (12,4%), Algerije (11,1%), Egypte (4,3%), en andere (38,6%). Het aandeel van de export in BBP van de leiders: Libië (46,6%), Zuid-Afrika (27,7%), Algerije (22,7%), Egypte (20,6%) en Nigeria (8,3%). De uitvoer per hoofd in Afrika onder de leiders: Libië ($3.617,5), Zuid-Afrika ($712,0), Algerije ($546,2), Nigeria ($163,8) en Egypte ($96,4). De groei van de export onder de leiders: Egypte (5,2%), Nigeria (3,6%), Algerije (2,4%), Zuid-Afrika (1,4%) en Libië (-4,4%).

de jaren 1990

De uitvoer van Afrika bedroeg in de jaren 1990 US$143,2 miljard per jaar. Het aandeel in de wereld was 2,4%.

Het aandeel van de export in het BBP van Afrika was 24,3% in de jaren 1990, en was vergelijkbaar met Noord-Macedonië (24,2%), Oezbekistan (24,1%), Noord-Afrika (24,4%).

De uitvoer per hoofd in Afrika was $202,1 in de jaren 1990s, en was vergelijkbaar met Moldavië (US$201,7). De waarde van de export per hoofd in Afrika was in 5,1 keer lager dan de export per hoofd van de bevolking in de wereld ($1.029,5).

De groei van de export in Afrika bedroeg 2.5% in de jaren 1990, en was vergelijkbaar met Brunei (2,5%). De groei van de export in Afrika (2,5%) was minder dan de groei van de export in de wereld (6,9%).

Vergelijking met regio's. De uitvoer van Afrika was groter dan in Oceanië (US$91,1 miljard); maar minder dan in Europa (US$2,8 biljoen), in Azië (US$1,6 biljoen) en in Amerika (US$1,3 biljoen). De uitvoer per hoofd in Afrika was minder dan in Europa (US$3,8 duizend), in Oceanië (US$3,2 duizend), in Amerika (US$1.662,5) en in Azië (US$456,7). De groei van de export in Afrika was minder dan in Azië (8,1%), in Amerika (7,3%), in Oceanië (7,2%) en in Europa (6,5%).

Subregio's. De waarde van de export in Afrika in de jaren 1990 bestond uit: Noord-Afrika (35,8%), Zuidelijk Afrika (25,7%), West-Afrika (16,5%), Centraal-Afrika (12,3%) en Oost-Afrika (9,7%). Het aandeel van de export in het BBP van subregio's: Centraal-Afrika (38,3%), Zuidelijk Afrika (24,5%), Noord-Afrika (24,4%), West-Afrika (21,1%) en Oost-Afrika (19,3%). De uitvoer per hoofd van de bevolking in subregio's: Zuidelijk Afrika ($787,6), Noord-Afrika ($321,0), Centraal-Afrika ($214,0), West-Afrika ($116,3) en Oost-Afrika ($64,3). De groei van de export in subregio's: Centraal-Afrika (7,3%), Oost-Afrika (5,9%), Zuidelijk Afrika (4,4%), West-Afrika (2,3%) en Noord-Afrika (1,2%).

Leiders. De uitvoer van Afrika in de jaren 1990 bestond uit: Zuid-Afrika (22,1%), Egypte (9,2%), Algerije (8,7%), Nigeria (8,5%), Libië (6,5%), en andere (45,0%). Het aandeel van de export in BBP van de leiders: Libië (28,8%), Algerije (25,8%), Zuid-Afrika (22,7%), Nigeria (21,9%) en Egypte (20,9%). De waarde van de export per hoofd in Afrika onder de leiders: Libië ($1.898,8), Zuid-Afrika ($776,1), Algerije ($441,0), Egypte ($212,3) en Nigeria ($114,1). De groei van de export onder de leiders: Zuid-Afrika (4,4%), Egypte (3,8%), Algerije (2,8%), Nigeria (0,11%) en Libië (-0,25%).

de jaren 2000

De waarde van de export in Afrika bedroeg in de jaren 2000 US$361,2 miljard per jaar. Het aandeel in de wereld was 2,9%.

Het aandeel van de export in het BBP van Afrika was 32,4% in de jaren 2000, en was vergelijkbaar met de Marshalleilanden (32,6%), Rusland (32,2%), Moldavië (32,2%).

De uitvoer per hoofd in Afrika was $398,4 in de jaren 2000s, en was vergelijkbaar met Egypte (US$398,0), Sri Lanka (US$397,3), Bolivia (US$404,6). De waarde van de export per hoofd in Afrika was in 4,9 keer lager dan de export per hoofd van de bevolking in de wereld ($1.933,7).

De groei van de export in Afrika bedroeg 5.3% in de jaren 2000. De groei van de export in Afrika (5,3%) was groter dan de groei van de export in de wereld (4,8%).

Vergelijking met regio's. De uitvoer van Afrika was groter dan in Oceanië (US$183,2 miljard); maar minder dan in Europa (US$5,6 biljoen), in Azië (US$4,0 biljoen) en in Amerika (US$2,4 biljoen). De uitvoer per hoofd in Afrika was minder dan in Europa (US$7,6 duizend), in Oceanië (US$5,5 duizend), in Amerika (US$2,8 duizend) en in Azië (US$1.011,8). De groei van de export in Afrika was groter dan in Europa (3,8%), in Oceanië (3,0%) en in Amerika (2,9%); maar minder dan in Azië (7,5%).

Subregio's. De waarde van de export in Afrika in de jaren 2000 bestond uit: Noord-Afrika (39,1%), Zuidelijk Afrika (20,4%), West-Afrika (18,1%), Centraal-Afrika (14,5%) en Oost-Afrika (7,9%). Het aandeel van de export in het BBP van subregio's: Centraal-Afrika (52,3%), Noord-Afrika (36,5%), Zuidelijk Afrika (30,9%), West-Afrika (24,5%) en Oost-Afrika (23,4%). De uitvoer per hoofd van de bevolking in subregio's: Zuidelijk Afrika ($1.352,2), Noord-Afrika ($741,0), Centraal-Afrika ($473,2), West-Afrika ($246,7) en Oost-Afrika ($100,2). De groei van de export in subregio's: Oost-Afrika (8,6%), Centraal-Afrika (5,9%), Noord-Afrika (5,6%), West-Afrika (5,5%) en Zuidelijk Afrika (2,0%).

Leiders. De waarde van de export in Afrika in de jaren 2000 bestond uit: Zuid-Afrika (17,7%), Nigeria (11,9%), Algerije (11,7%), Libië (8,7%), Egypte (8,3%), en andere (41,7%). Het aandeel van de export in BBP van de leiders: Libië (65,1%), Algerije (43,0%), Zuid-Afrika (29,2%), Egypte (26,8%) en Nigeria (23,9%). De uitvoer per hoofd in Afrika onder de leiders: Libië ($5.444,0), Zuid-Afrika ($1.345,2), Algerije ($1.281,2), Egypte ($398,0) en Nigeria ($312,6). De groei van de export onder de leiders: Nigeria (7,2%), Egypte (6,9%), Libië (6,4%), Zuid-Afrika (2,0%) en Algerije (0,89%).

de jaren 2010

De waarde van de export in Afrika bedroeg in de jaren 2010 US$624,2 miljard per jaar. Het aandeel in de wereld was 2,7%.

Het aandeel van de export in het BBP van Afrika was 27,0% in de jaren 2010, en was vergelijkbaar met Montserrat (27,1%), Madagaskar (26,9%), Noord-Afrika (26,8%).

De uitvoer per hoofd in Afrika was $534,3 in de jaren 2010s, en was vergelijkbaar met Syrië (US$529,2). De uitvoer per hoofd in Afrika was in 5,8 keer lager dan de export per hoofd van de bevolking in de wereld ($3.098,9).

De groei van de export in Afrika bedroeg -1.2% in de jaren 2010. De groei van de export in Afrika (-1,2%) was minder dan de groei van de export in de wereld (4,4%).

Vergelijking met regio's. De waarde van de export in Afrika was 65,7% groter dan in Oceanië (US$376,8 miljard); maar 14,4 keer minder dan in Europa (US$9,0 biljoen), 13,9 keer minder dan in Azië (US$8,7 biljoen) en 6,6 keer minder dan in Amerika (US$4,1 biljoen). De waarde van de export per hoofd in Afrika was 22,6 keer minder dan in Europa (US$12,1 duizend), 18,0 keer minder dan in Oceanië (US$9,6 duizend), 7,9 keer minder dan in Amerika (US$4,2 duizend) en 3,7 keer minder dan in Azië (US$1.964,3). De groei van de export in Afrika was minder dan in Azië (5,3%), in Europa (4,4%), in Oceanië (3,9%) en in Amerika (3,6%).

Subregio's. De waarde van de export in Afrika in de jaren 2010 bestond uit: Noord-Afrika (30,6%), West-Afrika (22,4%), Zuidelijk Afrika (19,7%), Centraal-Afrika (16,2%) en Oost-Afrika (11,0%). Het aandeel van de export in het BBP van subregio's: Centraal-Afrika (41,6%), Zuidelijk Afrika (31,3%), Noord-Afrika (26,8%), Oost-Afrika (21,9%) en West-Afrika (21,6%). De uitvoer per hoofd van de bevolking in subregio's: Zuidelijk Afrika ($1.971,2), Noord-Afrika ($862,9), Centraal-Afrika ($663,8), West-Afrika ($402,5) en Oost-Afrika ($179,3). De groei van de export in subregio's: West-Afrika (6,9%), Oost-Afrika (4,4%), Zuidelijk Afrika (2,3%), Centraal-Afrika (0,20%) en Noord-Afrika (-6,3%).

Leiders. De uitvoer van Afrika in de jaren 2010 bestond uit: Zuid-Afrika (17,3%), Nigeria (13,4%), Algerije (8,7%), Angola (8,0%), Egypte (6,9%), en andere (45,6%). Het aandeel van de export in BBP van de leiders: Angola (44,3%), Zuid-Afrika (30,1%), Algerije (29,7%), Nigeria (18,7%) en Egypte (16,3%). De uitvoer per hoofd in Afrika onder de leiders: Zuid-Afrika ($1.967,6), Angola ($1.824,3), Algerije ($1.384,6), Egypte ($472,4) en Nigeria ($467,8). De groei van de export onder de leiders: Nigeria (6,1%), Zuid-Afrika (2,2%), Egypte (0,62%), Algerije (-1,9%) en Angola (-2,4%).

Hoofdstuk XI. Invoer

Invoer van goederen en diensten

De invoer van Afrika steeg van US$58,5 miljard per jaar in de jaren 1970 tot US$691,8 miljard per jaar in de jaren 2010, dat wil zeggen met US$633,3 miljard of 11,8 keer. De verandering vond plaats op US$513,1 miljard als gevolg van een 3,9-voudige stijging van de prijzen, en ook op US$12,1 miljard als gevolg van een 1,1-voudige toename van het tarief per hoofd , evenals op US$108,1 miljard als gevolg van de toename van de bevolking. De gemiddelde jaarlijkse groei van de invoer is 3,3%. De minimumwaarde van de invoer bedroeg US$23,8 miljard in 1970. De maximumwaarde van de invoer bedroeg US$783,2 miljard in 2014.

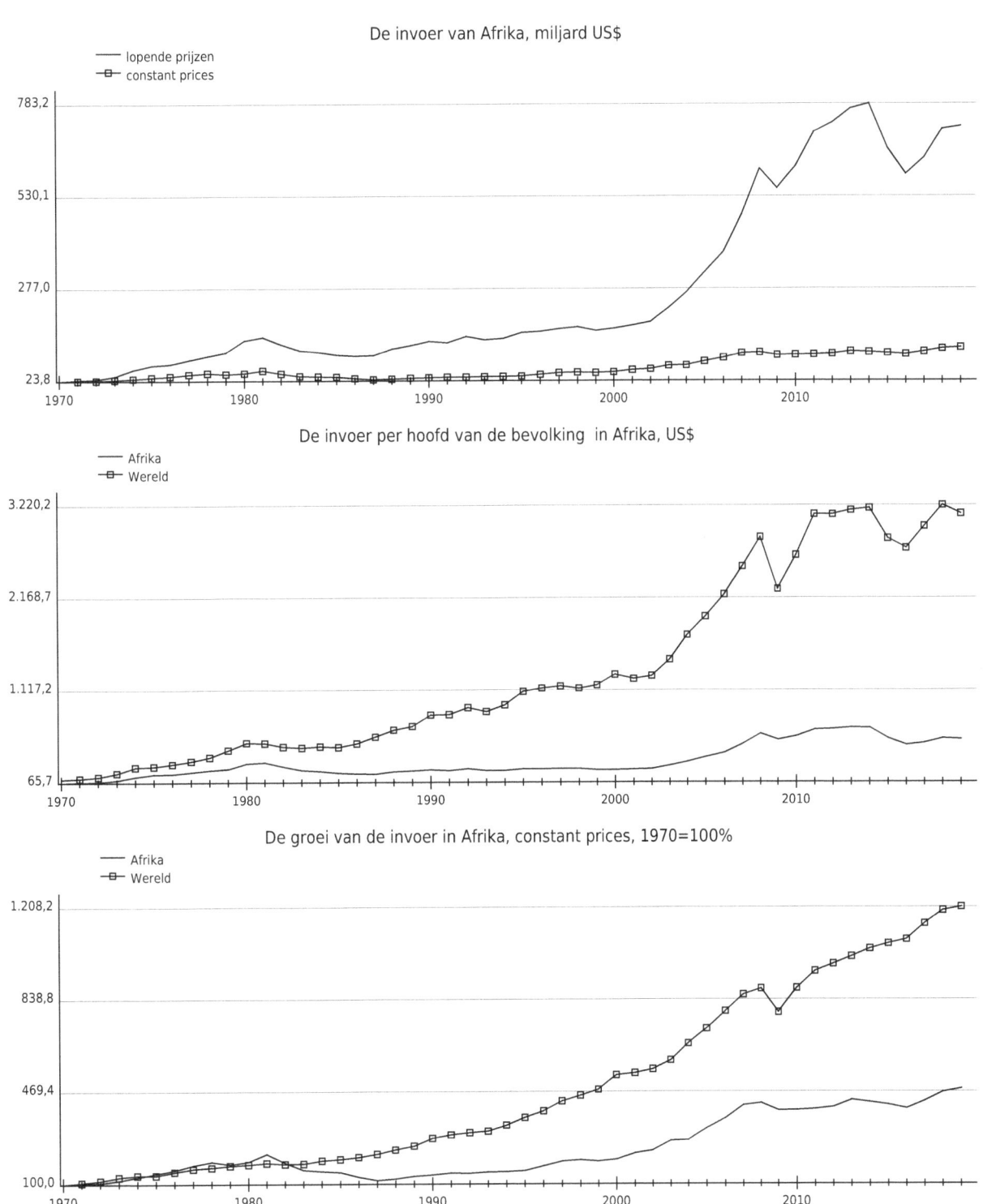

De invoer van Afrika, miljard US$

De invoer per hoofd van de bevolking in Afrika, US$

De groei van de invoer in Afrika, constant prices, 1970=100%

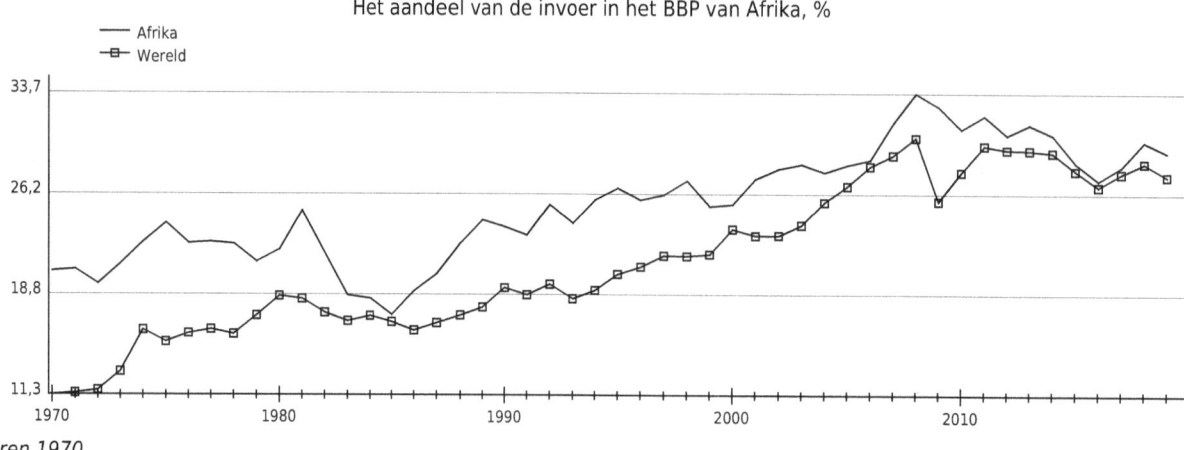

Het aandeel van de invoer in het BBP van Afrika, %

de jaren 1970

De waarde van de invoer in Afrika bedroeg in de jaren 1970 US$58,5 miljard per jaar. Het aandeel in de wereld was 5,9%.

Het aandeel van de invoer in het BBP van Afrika was 22,0% in de jaren 1970, en was vergelijkbaar met Niger (22,1%).

De waarde van de invoer per hoofd in Afrika was $142,6 in de jaren 1970s, en was vergelijkbaar met Nicaragua (US$141,7), Irak (US$144,1). De waarde van de invoer per hoofd in Afrika was 41,6% lager dan de invoer per hoofd van de bevolking in de wereld ($244,3).

De groei van de invoer in Afrika bedroeg 6.7% in de jaren 1970, en was vergelijkbaar met Spanje (6,7%), Kiribati (6,7%), Argentinië (6,7%). De groei van de invoer in Afrika (6,7%) was groter dan de groei van de invoer in de wereld (6,3%).

Vergelijking met regio's. De waarde van de invoer in Afrika was groter dan in Oceanië (US$19,5 miljard); maar minder dan in Europa (US$487,7 miljard), in Amerika (US$236,1 miljard) en in Azië (US$184,9 miljard). De waarde van de invoer per hoofd in Afrika was groter dan in Azië (US$79,6); maar minder dan in Oceanië (US$913,9), in Europa (US$672,3) en in Amerika (US$421,7). De groei van de invoer in Afrika was groter dan in Amerika (5,4%), in Europa (5,4%) en in Oceanië (2,8%); maar minder dan in Azië (9,6%).

Subregio's. De invoer van Afrika in de jaren 1970 bestond uit: Noord-Afrika (33,8%), West-Afrika (20,2%), Zuidelijk Afrika (17,2%), Centraal-Afrika (15,2%) en Oost-Afrika (13,5%). Het aandeel van de invoer in het BBP van subregio's: Centraal-Afrika (40,7%), Noord-Afrika (33,0%), Zuidelijk Afrika (27,4%), Oost-Afrika (23,2%) en West-Afrika (10,5%). De invoer per hoofd van de bevolking in subregio's: Zuidelijk Afrika ($357,7), Noord-Afrika ($204,9), Centraal-Afrika ($195,3), West-Afrika ($99,3) en Oost-Afrika ($65,6). De groei van de invoer in subregio's: West-Afrika (8,7%), Noord-Afrika (8,6%), Centraal-Afrika (2,7%), Oost-Afrika (1,9%) en Zuidelijk Afrika (0,28%).

Leiders. De invoer van Afrika in de jaren 1970 bestond uit: Zuid-Afrika (15,1%), Nigeria (10,7%), Libië (9,6%), Algerije (9,5%), Congo-Kinshasa (6,7%), en andere (48,4%). Het aandeel van de invoer in BBP van de leiders: Libië (40,8%), Congo-Kinshasa (40,5%), Algerije (36,1%), Zuid-Afrika (25,3%) en Nigeria (6,8%). De invoer per hoofd in Afrika onder de leiders: Libië ($2.160,9), Zuid-Afrika ($355,5), Algerije ($338,3), Congo-Kinshasa ($172,0) en Nigeria ($99,6). De groei van de invoer onder de leiders: Algerije (10,6%), Nigeria (10,1%), Libië (8,1%), Congo-Kinshasa (8,0%) en Zuid-Afrika (-0,58%).

de jaren 1980

De invoer van Afrika bedroeg in de jaren 1980 US$112,7 miljard per jaar. Het aandeel in de wereld was 4,3%.

Het aandeel van de invoer in het BBP van Afrika was 20,9% in de jaren 1980, en was vergelijkbaar met Zuid-Europa (21,0%).

De waarde van de invoer per hoofd in Afrika was $208,0 in de jaren 1980s, en was vergelijkbaar met Liberia (US$205,0), Guinee-Bissau (US$211,0), Togo (US$204,5). De invoer per hoofd in Afrika was in 2,6 keer lager dan de invoer per hoofd van de bevolking in de wereld ($539,1).

De groei van de invoer in Afrika bedroeg -3.1% in de jaren 1980, en was vergelijkbaar met Trinidad en Tobago (-3,1%). De groei van de invoer in Afrika (-3,1%) was minder dan de groei van de invoer in de wereld (3,8%).

Vergelijking met regio's. De invoer van Afrika was groter dan in Oceanië (US$49,3 miljard); maar minder dan in Europa (US$1,2 biljoen), in Amerika (US$652,3 miljard) en in Azië (US$601,2 miljard). De invoer per hoofd in Afrika was minder dan in Oceanië

(US$1.987,8), in Europa (US$1.550,8), in Amerika (US$984,9) en in Azië (US$211,9). De groei van de invoer in Afrika was minder dan in Oceanië (5,7%), in Azië (4,9%), in Europa (4,1%) en in Amerika (3,8%).

Subregio's. De invoer van Afrika in de jaren 1980 bestond uit: Noord-Afrika (37,9%), Zuidelijk Afrika (19,6%), West-Afrika (17,8%), Centraal-Afrika (13,1%) en Oost-Afrika (11,6%). Het aandeel van de invoer in het BBP van subregio's: Centraal-Afrika (37,6%), Noord-Afrika (29,8%), Zuidelijk Afrika (25,2%), Oost-Afrika (20,3%) en West-Afrika (9,8%). De invoer per hoofd van de bevolking in subregio's: Zuidelijk Afrika ($601,7), Noord-Afrika ($338,6), Centraal-Afrika ($245,4), West-Afrika ($128,2) en Oost-Afrika ($80,3). De groei van de invoer in subregio's: Zuidelijk Afrika (2,1%), Oost-Afrika (1,6%), Centraal-Afrika (-0,17%), Noord-Afrika (-1,0%) en West-Afrika (-9,5%).

Leiders. De waarde van de invoer in Afrika in de jaren 1980 bestond uit: Zuid-Afrika (16,8%), Algerije (11,1%), Libië (10,5%), Nigeria (8,5%), Egypte (6,9%), en andere (46,2%). Het aandeel van de invoer in BBP van de leiders: Libië (40,1%), Egypte (33,9%), Algerije (23,5%), Zuid-Afrika (22,8%) en Nigeria (5,9%). De waarde van de invoer per hoofd in Afrika onder de leiders: Libië ($3.116,2), Zuid-Afrika ($586,5), Algerije ($565,6), Egypte ($158,8) en Nigeria ($115,7). De groei van de invoer onder de leiders: Egypte (2,8%), Zuid-Afrika (1,8%), Algerije (-0,90%), Libië (-7,9%) en Nigeria (-12,0%).

de jaren 1990

De waarde van de invoer in Afrika bedroeg in de jaren 1990 US$149,7 miljard per jaar. Het aandeel in de wereld was 2,6%.

Het aandeel van de invoer in het BBP van Afrika was 25,4% in de jaren 1990, en was vergelijkbaar met Libië (25,2%), Oezbekistan (25,6%).

De waarde van de invoer per hoofd in Afrika was $211,4 in de jaren 1990s. De waarde van de invoer per hoofd in Afrika was in 4,8 keer lager dan de invoer per hoofd van de bevolking in de wereld ($1.015,5).

De groei van de invoer in Afrika bedroeg 3.8% in de jaren 1990. De groei van de invoer in Afrika (3,8%) was minder dan de groei van de invoer in de wereld (6,6%).

Vergelijking met regio's. De invoer van Afrika was groter dan in Oceanië (US$93,8 miljard); maar minder dan in Europa (US$2,7 biljoen), in Azië (US$1,5 biljoen) en in Amerika (US$1,4 biljoen). De waarde van de invoer per hoofd in Afrika was minder dan in Europa (US$3,7 duizend), in Oceanië (US$3,2 duizend), in Amerika (US$1.812,7) en in Azië (US$430,1). De groei van de invoer in Afrika was minder dan in Amerika (8,2%), in Azië (6,8%), in Oceanië (6,2%) en in Europa (5,9%).

Subregio's. De waarde van de invoer in Afrika in de jaren 1990 bestond uit: Noord-Afrika (37,9%), Zuidelijk Afrika (22,8%), West-Afrika (15,3%), Oost-Afrika (12,8%) en Centraal-Afrika (11,2%). Het aandeel van de invoer in het BBP van subregio's: Centraal-Afrika (36,5%), Noord-Afrika (27,0%), Oost-Afrika (26,7%), Zuidelijk Afrika (22,7%) en West-Afrika (20,4%). De invoer per hoofd van de bevolking in subregio's: Zuidelijk Afrika ($731,8), Noord-Afrika ($355,1), Centraal-Afrika ($204,0), West-Afrika ($112,5) en Oost-Afrika ($88,8). De groei van de invoer in subregio's: Centraal-Afrika (10,3%), Oost-Afrika (6,0%), Zuidelijk Afrika (4,6%), West-Afrika (4,1%) en Noord-Afrika (1,0%).

Leiders. De invoer van Afrika in de jaren 1990 bestond uit: Zuid-Afrika (18,7%), Egypte (11,5%), Algerije (7,9%), Marokko (6,9%), Nigeria (5,6%), en andere (49,4%). Het aandeel van de invoer in BBP van de leiders: Marokko (28,1%), Egypte (27,5%), Algerije (24,3%), Zuid-Afrika (20,0%) en Nigeria (15,0%). De invoer per hoofd in Afrika onder de leiders: Zuid-Afrika ($685,2), Algerije ($415,3), Marokko ($387,8), Egypte ($279,8) en Nigeria ($78,2). De groei van de invoer onder de leiders: Zuid-Afrika (4,6%), Marokko (4,1%), Nigeria (3,3%), Egypte (1,2%) en Algerije (-2,7%).

de jaren 2000

De invoer van Afrika bedroeg in de jaren 2000 US$334,8 miljard per jaar. Het aandeel in de wereld was 2,7%.

Het aandeel van de invoer in het BBP van Afrika was 30,1% in de jaren 2000, en was vergelijkbaar met Centraal-Amerika (30,0%), Saoedi-Arabië (29,9%), Qatar (30,3%).

De invoer per hoofd in Afrika was $369,3 in de jaren 2000s, en was vergelijkbaar met Centraal-Afrika (US$363,9), Bolivia (US$375,2), Ivoorkust (US$361,7). De invoer per hoofd in Afrika was in 5,1 keer lager dan de invoer per hoofd van de bevolking in de wereld ($1.899,9).

De groei van de invoer in Afrika bedroeg 7.6% in de jaren 2000, en was vergelijkbaar met Kirgizië (7,5%), Oost-Azië (7,6%), Sao Tomé en Principe (7,6%). De groei van de invoer in Afrika (7,6%) was groter dan de groei van de invoer in de wereld (5,1%).

Vergelijking met regio's. De waarde van de invoer in Afrika was groter dan in Oceanië (US$194,7 miljard); maar minder dan in Europa (US$5,3 biljoen), in Azië (US$3,6 biljoen) en in Amerika (US$2,9 biljoen). De waarde van de invoer per hoofd in Afrika was minder dan in Europa (US$7,3 duizend), in Oceanië (US$5,8 duizend), in Amerika (US$3,4 duizend) en in Azië (US$898,2). De groei van de invoer in Afrika was groter dan in Oceanië (6,6%), in Europa (4,0%) en in Amerika (3,5%); maar minder dan in Azië (7,8%).

Subregio's. De waarde van de invoer in Afrika in de jaren 2000 bestond uit: Noord-Afrika (36,4%), Zuidelijk Afrika (22,1%), West-Afrika (17,4%), Centraal-Afrika (12,1%) en Oost-Afrika (12,0%). Het aandeel van de invoer in het BBP van subregio's: Centraal-Afrika (40,2%), Oost-Afrika (32,8%), Noord-Afrika (31,6%), Zuidelijk Afrika (31,1%) en West-Afrika (21,8%). De invoer per hoofd van de bevolking in subregio's: Zuidelijk Afrika ($1.360,4), Noord-Afrika ($640,5), Centraal-Afrika ($363,9), West-Afrika ($219,9) en Oost-Afrika ($140,8). De groei van de invoer in subregio's: Oost-Afrika (10,8%), West-Afrika (9,6%), Noord-Afrika (7,3%), Zuidelijk Afrika (5,3%) en Centraal-Afrika (5,1%).

Leiders. De waarde van de invoer in Afrika in de jaren 2000 bestond uit: Zuid-Afrika (19,0%), Egypte (10,2%), Nigeria (8,5%), Algerije (7,7%), Marokko (7,2%), en andere (47,3%). Het aandeel van de invoer in BBP van de leiders: Marokko (38,6%), Egypte (30,8%), Zuid-Afrika (29,0%), Algerije (26,3%) en Nigeria (15,8%). De waarde van de invoer per hoofd in Afrika onder de leiders: Zuid-Afrika ($1.335,8), Marokko ($800,6), Algerije ($783,0), Egypte ($457,4) en Nigeria ($206,6). De groei van de invoer onder de leiders: Nigeria (11,9%), Algerije (10,3%), Marokko (8,0%), Egypte (6,1%) en Zuid-Afrika (5,4%).

de jaren 2010

De waarde van de invoer in Afrika bedroeg in de jaren 2010 US$691,8 miljard per jaar. Het aandeel in de wereld was 3,1%.

Het aandeel van de invoer in het BBP van Afrika was 29,9% in de jaren 2010, en was vergelijkbaar met Tsjaad (29,9%), de Dominicaanse Republiek (29,9%), Centraal-Azië (29,9%).

De invoer per hoofd in Afrika was $592,1 in de jaren 2010s, en was vergelijkbaar met Zuid-Soedan (US$595,1), Zambia (US$595,9). De waarde van de invoer per hoofd in Afrika was in 5,1 keer lager dan de invoer per hoofd van de bevolking in de wereld ($3.015,6).

De groei van de invoer in Afrika bedroeg 2% in de jaren 2010, en was vergelijkbaar met Egypte (2,0%). De groei van de invoer in Afrika (2,0%) was minder dan de groei van de invoer in de wereld (4,4%).

Vergelijking met regio's. De waarde van de invoer in Afrika was 84,1% groter dan in Oceanië (US$375,7 miljard); maar 12,0 keer minder dan in Europa (US$8,3 biljoen), 11,6 keer minder dan in Azië (US$8,0 biljoen) en 6,9 keer minder dan in Amerika (US$4,8 biljoen). De invoer per hoofd in Afrika was 18,8 keer minder dan in Europa (US$11,1 duizend), 16,2 keer minder dan in Oceanië (US$9,6 duizend), 8,2 keer minder dan in Amerika (US$4,9 duizend) en 3,1 keer minder dan in Azië (US$1.813,7). De groei van de invoer in Afrika was minder dan in Oceanië (5,7%), in Azië (5,4%), in Europa (4,3%) en in Amerika (3,3%).

Subregio's. De waarde van de invoer in Afrika in de jaren 2010 bestond uit: Noord-Afrika (33,8%), West-Afrika (20,0%), Zuidelijk Afrika (18,5%), Oost-Afrika (15,7%) en Centraal-Afrika (12,0%). Het aandeel van de invoer in het BBP van subregio's: Oost-Afrika (34,6%), Centraal-Afrika (34,2%), Noord-Afrika (32,8%), Zuidelijk Afrika (32,4%) en West-Afrika (21,4%). De invoer per hoofd van de bevolking in subregio's: Zuidelijk Afrika ($2.042,8), Noord-Afrika ($1.056,3), Centraal-Afrika ($545,2), West-Afrika ($398,2) en Oost-Afrika ($282,9). De groei van de invoer in subregio's: Oost-Afrika (5,6%), Zuidelijk Afrika (3,5%), Noord-Afrika (1,6%), West-Afrika (1,4%) en Centraal-Afrika (-1,8%).

Leiders. De waarde van de invoer in Afrika in de jaren 2010 bestond uit: Zuid-Afrika (15,7%), Nigeria (9,7%), Egypte (9,3%), Algerije (8,4%), Marokko (7,2%), en andere (49,7%). Het aandeel van de invoer in BBP van de leiders: Marokko (46,9%), Algerije (31,5%), Zuid-Afrika (30,3%), Egypte (24,4%) en Nigeria (14,9%). De invoer per hoofd in Afrika onder de leiders: Zuid-Afrika ($1.979,5), Algerije ($1.467,8), Marokko ($1.447,0), Egypte ($706,4) en Nigeria ($372,7). De groei van de invoer onder de leiders: Marokko (5,6%), Zuid-Afrika (3,6%), Egypte (2,0%), Algerije (1,5%) en Nigeria (-1,9%).

Part IV. Verbruik

Hoofdstuk XII. Overheidsuitgaven

Consumptie-uitgaven van de overheid

De overheidsuitgaven van Afrika steeg van US$31,6 miljard per jaar in de jaren 1970 tot US$328,3 miljard per jaar in de jaren 2010, dat wil zeggen met US$296,7 miljard of 10,4 keer. De verandering vond plaats op US$217,2 miljard als gevolg van een 3,0-voudige stijging van de prijzen, en ook op US$21,1 miljard als gevolg van een 1,2-voudige toename van het tarief per hoofd , evenals op US$58,4 miljard als gevolg van de toename van de bevolking. De gemiddelde jaarlijkse groei van de overheidsuitgaven is 3,2%. De minimumwaarde van de overheidsuitgaven bedroeg US$14,7 miljard in 1970. De maximumwaarde van de overheidsuitgaven bedroeg US$382,9 miljard in 2014.

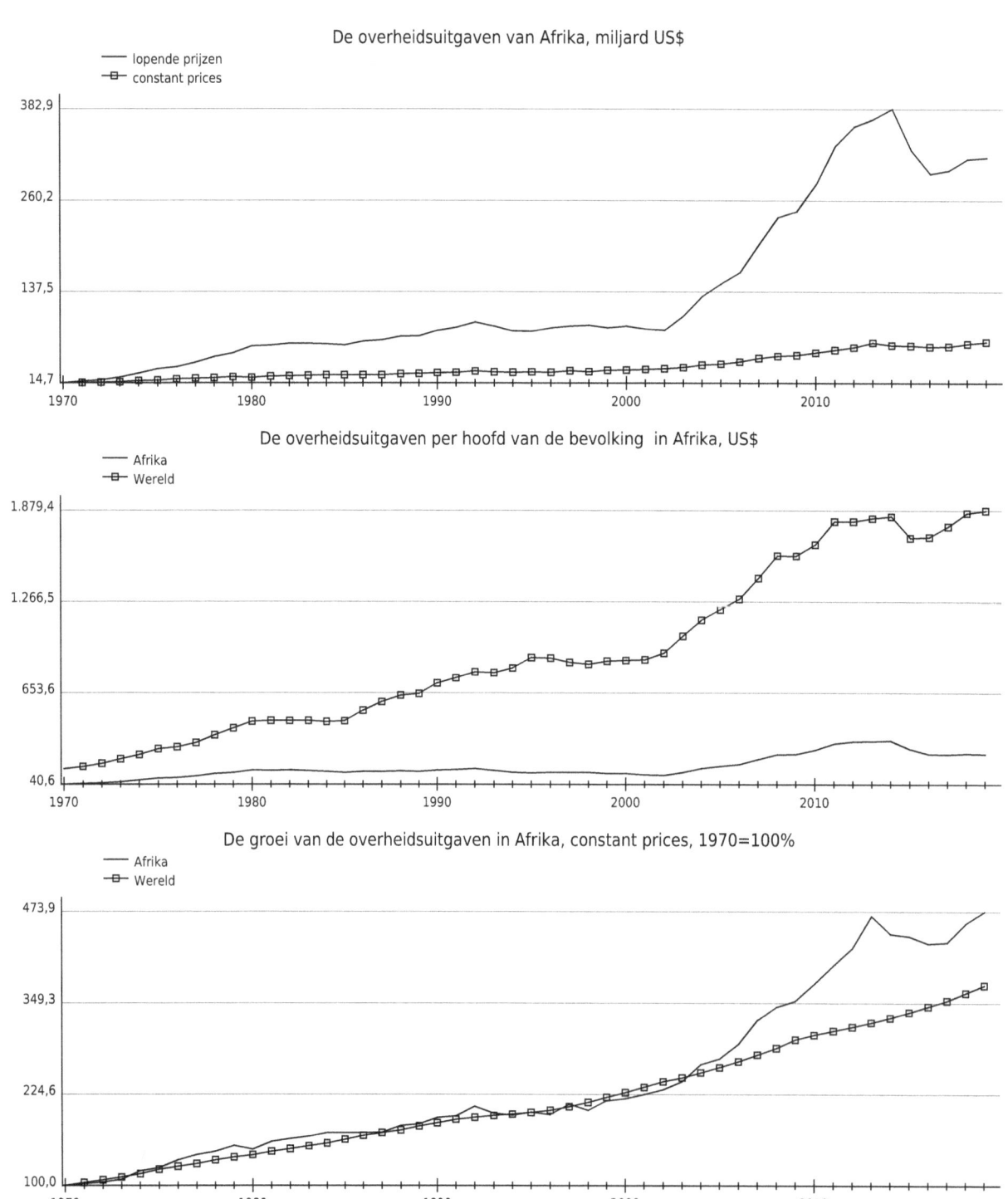

De overheidsuitgaven van Afrika, miljard US$

De overheidsuitgaven per hoofd van de bevolking in Afrika, US$

De groei van de overheidsuitgaven in Afrika, constant prices, 1970=100%

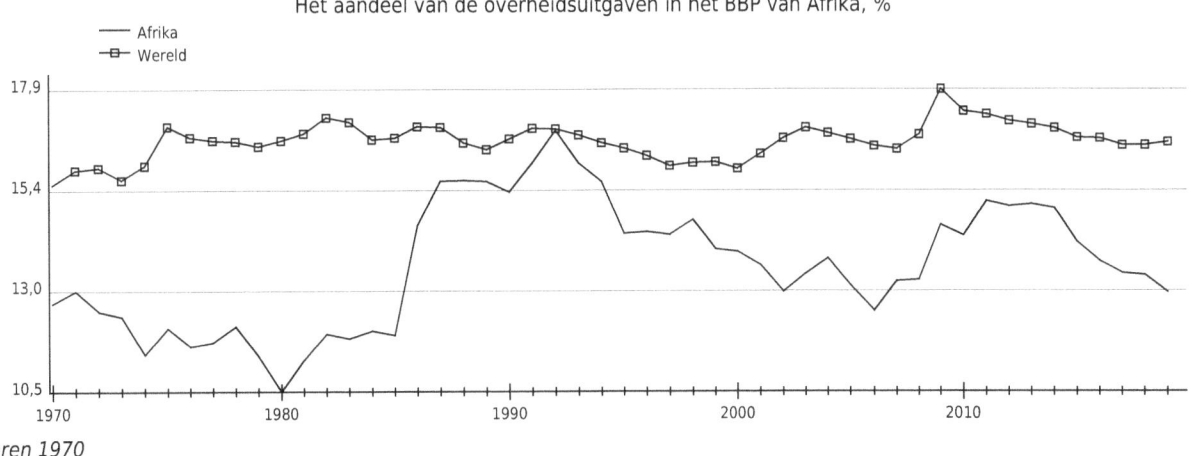

Het aandeel van de overheidsuitgaven in het BBP van Afrika, %

de jaren 1970

De overheidsuitgaven van Afrika bedroeg in de jaren 1970 US$31,6 miljard per jaar. Het aandeel in de wereld was 3,0%.

Het aandeel van de overheidsuitgaven in het BBP van Afrika was 11,9% in de jaren 1970, en was vergelijkbaar met Zuid-Amerika (11,9%), Zuid-Azië (11,9%), Koeweit (11,9%).

De overheidsuitgaven per hoofd in Afrika was $77,1 in de jaren 1970s, en was vergelijkbaar met Sao Tomé en Principe (US$76,4), Bulgarije (US$78,5), Zuid-Korea (US$79,0). De overheidsuitgaven per hoofd in Afrika was in 3,4 keer lager dan de overheidsuitgaven per hoofd van de bevolking in de wereld ($265,2).

De groei van de overheidsuitgaven in Afrika bedroeg 4.9% in de jaren 1970, en was vergelijkbaar met Frankrijk (5,0%). De groei van de overheidsuitgaven in Afrika (4,9%) was groter dan de groei van de overheidsuitgaven in de wereld (3,7%).

Vergelijking met regio's. De overheidsuitgaven van Afrika was groter dan in Oceanië (US$19,6 miljard); maar minder dan in Europa (US$492,5 miljard), in Amerika (US$366,9 miljard) en in Azië (US$160,1 miljard). De overheidsuitgaven per hoofd in Afrika was groter dan in Azië (US$68,9); maar minder dan in Oceanië (US$920,9), in Europa (US$678,9) en in Amerika (US$655,5). De groei van de overheidsuitgaven in Afrika was groter dan in Europa (4,5%), in Oceanië (3,9%) en in Amerika (2,1%); maar minder dan in Azië (6,9%).

Subregio's. De overheidsuitgaven van Afrika in de jaren 1970 bestond uit: Noord-Afrika (34,0%), Oost-Afrika (21,7%), Zuidelijk Afrika (16,9%), Centraal-Afrika (13,8%) en West-Afrika (13,6%). Het aandeel van de overheidsuitgaven in het BBP van subregio's: Oost-Afrika (20,1%), Centraal-Afrika (20,0%), Noord-Afrika (17,9%), Zuidelijk Afrika (14,6%) en West-Afrika (3,8%). De overheidsuitgaven per hoofd van de bevolking in subregio's: Zuidelijk Afrika ($189,9), Noord-Afrika ($111,3), Centraal-Afrika ($95,9), Oost-Afrika ($56,8) en West-Afrika ($36,1). De groei van de overheidsuitgaven in subregio's: Noord-Afrika (7,3%), West-Afrika (6,8%), Oost-Afrika (6,0%), Zuidelijk Afrika (5,2%) en Centraal-Afrika (-1,0%).

Leiders. De overheidsuitgaven van Afrika in de jaren 1970 bestond uit: Zuid-Afrika (15,9%), Egypte (9,8%), Libië (9,2%), Algerije (6,4%), Congo-Kinshasa (6,2%), en andere (52,4%). Het aandeel van de overheidsuitgaven in BBP van de leiders: Egypte (23,4%), Libië (21,1%), Congo-Kinshasa (20,5%), Zuid-Afrika (14,4%) en Algerije (13,2%). De overheidsuitgaven per hoofd in Afrika onder de leiders: Libië ($1.119,3), Zuid-Afrika ($201,6), Algerije ($123,3), Congo-Kinshasa ($87,0) en Egypte ($81,4). De groei van de overheidsuitgaven onder de leiders: Algerije (11,1%), Libië (8,5%), Zuid-Afrika (5,1%), Egypte (4,5%) en Congo-Kinshasa (-4,6%).

de jaren 1980

De overheidsuitgaven van Afrika bedroeg in de jaren 1980 US$69,5 miljard per jaar. Het aandeel in de wereld was 2,7%.

Het aandeel van de overheidsuitgaven in het BBP van Afrika was 12,9% in de jaren 1980, en was vergelijkbaar met Costa Rica (12,8%).

De overheidsuitgaven per hoofd in Afrika was $128,3 in de jaren 1980s, en was vergelijkbaar met Senegal (US$127,4), Mongolië (US$126,0). De overheidsuitgaven per hoofd in Afrika was in 4,1 keer lager dan de overheidsuitgaven per hoofd van de bevolking in de wereld ($523,5).

De groei van de overheidsuitgaven in Afrika bedroeg 1.8% in de jaren 1980, en was vergelijkbaar met El Salvador (1,8%), Kenia (1,8%). De groei van de overheidsuitgaven in Afrika (1,8%) was minder dan de groei van de overheidsuitgaven in de wereld (2,7%).

Vergelijking met regio's. De overheidsuitgaven van Afrika was groter dan in Oceanië (US$47,4 miljard); maar minder dan in Europa (US$1,1 biljoen), in Amerika (US$852,4 miljard) en in Azië (US$482,6 miljard). De overheidsuitgaven per hoofd in Afrika was minder dan in Oceanië (US$1.914,7), in Europa (US$1.404,9), in Amerika (US$1.287,2) en in Azië (US$170,1). De groei van de overheidsuitgaven in Afrika was minder dan in Azië (4,2%), in Oceanië (3,4%), in Amerika (2,5%) en in Europa (2,3%).

Subregio's. De overheidsuitgaven van Afrika in de jaren 1980 bestond uit: Noord-Afrika (36,7%), Zuidelijk Afrika (22,1%), Oost-Afrika (18,4%), West-Afrika (12,5%) en Centraal-Afrika (10,4%). Het aandeel van de overheidsuitgaven in het BBP van subregio's: Oost-Afrika (19,9%), Centraal-Afrika (18,3%), Noord-Afrika (17,8%), Zuidelijk Afrika (17,5%) en West-Afrika (4,3%). De overheidsuitgaven per hoofd van de bevolking in subregio's: Zuidelijk Afrika ($418,2), Noord-Afrika ($201,9), Centraal-Afrika ($119,6), Oost-Afrika ($78,6) en West-Afrika ($55,7). De groei van de overheidsuitgaven in subregio's: Zuidelijk Afrika (4,2%), Oost-Afrika (2,1%), Centraal-Afrika (2,1%), Noord-Afrika (0,77%) en West-Afrika (-0,22%).

Leiders. De overheidsuitgaven van Afrika in de jaren 1980 bestond uit: Zuid-Afrika (20,5%), Algerije (12,4%), Libië (11,6%), Egypte (5,0%), Nigeria (4,5%), en andere (45,9%). Het aandeel van de overheidsuitgaven in BBP van de leiders: Libië (27,5%), Zuid-Afrika (17,2%), Algerije (16,2%), Egypte (15,3%) en Nigeria (1,9%). De overheidsuitgaven per hoofd in Afrika onder de leiders: Libië ($2.133,4), Zuid-Afrika ($442,8), Algerije ($390,6), Egypte ($71,4) en Nigeria ($37,5). De groei van de overheidsuitgaven onder de leiders: Egypte (4,9%), Zuid-Afrika (4,1%), Algerije (0,74%), Nigeria (-0,049%) en Libië (-5,0%).

de jaren 1990

De overheidsuitgaven van Afrika bedroeg in de jaren 1990 US$89,3 miljard per jaar. Het aandeel in de wereld was 1,9%.

Het aandeel van de overheidsuitgaven in het BBP van Afrika was 15,1% in de jaren 1990, en was vergelijkbaar met San Marino (15,1%), Noord-Afrika (15,1%), Amerika (15,2%).

De overheidsuitgaven per hoofd in Afrika was $126,1 in de jaren 1990s, en was vergelijkbaar met Nicaragua (US$124,5). De overheidsuitgaven per hoofd in Afrika was in 6,5 keer lager dan de overheidsuitgaven per hoofd van de bevolking in de wereld ($824,8).

De groei van de overheidsuitgaven in Afrika bedroeg 1.6% in de jaren 1990. De groei van de overheidsuitgaven in Afrika (1,6%) was minder dan de groei van de overheidsuitgaven in de wereld (2,0%).

Vergelijking met regio's. De overheidsuitgaven van Afrika was groter dan in Oceanië (US$81,4 miljard); maar minder dan in Europa (US$1,9 biljoen), in Amerika (US$1,5 biljoen) en in Azië (US$1,1 biljoen). De overheidsuitgaven per hoofd in Afrika was minder dan in Oceanië (US$2,8 duizend), in Europa (US$2,6 duizend), in Amerika (US$1.972,7) en in Azië (US$318,7). De groei van de overheidsuitgaven in Afrika was groter dan in Europa (1,3%) en in Amerika (1,1%); maar minder dan in Azië (5,0%) en in Oceanië (2,8%).

Subregio's. De overheidsuitgaven van Afrika in de jaren 1990 bestond uit: Noord-Afrika (35,7%), Zuidelijk Afrika (33,0%), Oost-Afrika (12,1%), Centraal-Afrika (10,2%) en West-Afrika (9,1%). Het aandeel van de overheidsuitgaven in het BBP van subregio's: Centraal-Afrika (19,9%), Zuidelijk Afrika (19,6%), Noord-Afrika (15,1%), Oost-Afrika (15,0%) en West-Afrika (7,2%). De overheidsuitgaven per hoofd van de bevolking in subregio's: Zuidelijk Afrika ($631,1), Noord-Afrika ($199,4), Centraal-Afrika ($111,0), Oost-Afrika ($49,9) en West-Afrika ($39,8). De groei van de overheidsuitgaven in subregio's: Noord-Afrika (2,5%), Oost-Afrika (2,5%), West-Afrika (1,2%), Zuidelijk Afrika (1,0%) en Centraal-Afrika (-0,32%).

Leiders. De overheidsuitgaven van Afrika in de jaren 1990 bestond uit: Zuid-Afrika (30,0%), Algerije (9,2%), Libië (8,8%), Egypte (7,1%), Marokko (6,4%), en andere (38,5%). Het aandeel van de overheidsuitgaven in BBP van de leiders: Libië (24,4%), Zuid-Afrika (19,2%), Algerije (16,9%), Marokko (15,5%) en Egypte (10,1%). De overheidsuitgaven per hoofd in Afrika onder de leiders: Libië ($1.608,3), Zuid-Afrika ($656,1), Algerije ($288,1), Marokko ($213,9) en Egypte ($103,0). De groei van de overheidsuitgaven onder de leiders: Egypte (5,0%), Algerije (3,9%), Marokko (2,8%), Zuid-Afrika (0,61%) en Libië (0,44%).

de jaren 2000

De overheidsuitgaven van Afrika bedroeg in de jaren 2000 US$149,4 miljard per jaar, en was vergelijkbaar met Oceanië (US$148,1 miljard), de Nederland (US$152,9 miljard). Het aandeel in de wereld was 1,9%.

Het aandeel van de overheidsuitgaven in het BBP van Afrika was 13,4% in de jaren 2000, en was vergelijkbaar met Oost-Afrika (13,4%), Algerije (13,4%), Noord-Afrika (13,5%).

De overheidsuitgaven per hoofd in Afrika was $164,8 in de jaren 2000s, en was vergelijkbaar met Mongolië (US$164,2), Egypte (US$167,6). De overheidsuitgaven per hoofd in Afrika was in 7,3 keer lager dan de overheidsuitgaven per hoofd van de bevolking in de wereld ($1.200,9).

De groei van de overheidsuitgaven in Afrika bedroeg 5% in de jaren 2000, en was vergelijkbaar met Spanje (5,0%), Belize (5,0%). De groei van de overheidsuitgaven in Afrika (5,0%) was groter dan de groei van de overheidsuitgaven in de wereld (3,1%).

Vergelijking met regio's. De overheidsuitgaven van Afrika was groter dan in Oceanië (US$148,1 miljard); maar minder dan in Europa (US$3,0 biljoen), in Amerika (US$2,6 biljoen) en in Azië (US$1,9 biljoen). De overheidsuitgaven per hoofd in Afrika was minder dan in Oceanië (US$4,4 duizend), in Europa (US$4,2 duizend), in Amerika (US$2,9 duizend) en in Azië (US$477,4). De groei van de overheidsuitgaven in Afrika was groter dan in Oceanië (3,1%), in Amerika (2,4%) en in Europa (2,1%); maar minder dan in Azië (5,3%).

Subregio's. De overheidsuitgaven van Afrika in de jaren 2000 bestond uit: Noord-Afrika (34,8%), Zuidelijk Afrika (30,2%), West-Afrika (14,8%), Oost-Afrika (11,0%) en Centraal-Afrika (9,1%). Het aandeel van de overheidsuitgaven in het BBP van subregio's: Zuidelijk Afrika (19,0%), Centraal-Afrika (13,6%), Noord-Afrika (13,5%), Oost-Afrika (13,4%) en West-Afrika (8,3%). De overheidsuitgaven per hoofd van de bevolking in subregio's: Zuidelijk Afrika ($830,5), Noord-Afrika ($273,2), Centraal-Afrika ($123,1), West-Afrika ($83,5) en Oost-Afrika ($57,6). De groei van de overheidsuitgaven in subregio's: West-Afrika (12,3%), Oost-Afrika (5,2%), Zuidelijk Afrika (4,5%), Noord-Afrika (3,6%) en Centraal-Afrika (2,0%).

Leiders. De overheidsuitgaven van Afrika in de jaren 2000 bestond uit: Zuid-Afrika (27,5%), Algerije (8,8%), Egypte (8,4%), Nigeria (7,7%), Marokko (7,5%), en andere (40,1%). Het aandeel van de overheidsuitgaven in BBP van de leiders: Zuid-Afrika (18,7%), Marokko (17,7%), Algerije (13,4%), Egypte (11,3%) en Nigeria (6,4%). De overheidsuitgaven per hoofd in Afrika onder de leiders: Zuid-Afrika ($863,0), Algerije ($398,2), Marokko ($367,9), Egypte ($167,6) en Nigeria ($83,6). De groei van de overheidsuitgaven onder de leiders: Nigeria (29,4%), Zuid-Afrika (4,6%), Algerije (4,3%), Marokko (4,1%) en Egypte (3,9%).

de jaren 2010

De overheidsuitgaven van Afrika bedroeg in de jaren 2010 US$328,3 miljard per jaar. Het aandeel in de wereld was 2,5%.

Het aandeel van de overheidsuitgaven in het BBP van Afrika was 14,2% in de jaren 2010, en was vergelijkbaar met Centraal-Afrika (14,2%), Ecuador (14,1%), Rwanda (14,1%).

De overheidsuitgaven per hoofd in Afrika was $281,0 in de jaren 2010s, en was vergelijkbaar met Zimbabwe (US$280,8), Laos (US$283,1). De overheidsuitgaven per hoofd in Afrika was in 6,4 keer lager dan de overheidsuitgaven per hoofd van de bevolking in de wereld ($1.785,1).

De groei van de overheidsuitgaven in Afrika bedroeg 3% in de jaren 2010, en was vergelijkbaar met de Maldiven (3,0%), Tunesië (3,0%). De groei van de overheidsuitgaven in Afrika (3,0%) was groter dan de groei van de overheidsuitgaven in de wereld (2,3%).

Vergelijking met regio's. De overheidsuitgaven van Afrika was 6,4% groter dan in Oceanië (US$308,7 miljard); maar 13,0 keer minder dan in Azië (US$4,3 biljoen), 12,9 keer minder dan in Europa (US$4,2 biljoen) en 12,0 keer minder dan in Amerika (US$3,9 biljoen). De overheidsuitgaven per hoofd in Afrika was 28,0 keer minder dan in Oceanië (US$7,9 duizend), 20,3 keer minder dan in Europa (US$5,7 duizend), 14,4 keer minder dan in Amerika (US$4,0 duizend) en 3,5 keer minder dan in Azië (US$970,7). De groei van de overheidsuitgaven in Afrika was groter dan in Europa (0,99%) en in Amerika (0,45%); maar minder dan in Azië (5,2%) en in Oceanië (3,3%).

Subregio's. De overheidsuitgaven van Afrika in de jaren 2010 bestond uit: Noord-Afrika (35,1%), Zuidelijk Afrika (25,0%), West-Afrika (16,9%), Oost-Afrika (12,6%) en Centraal-Afrika (10,5%). Het aandeel van de overheidsuitgaven in het BBP van subregio's: Zuidelijk Afrika (20,8%), Noord-Afrika (16,2%), Centraal-Afrika (14,2%), Oost-Afrika (13,1%) en West-Afrika (8,5%). De overheidsuitgaven per hoofd van de bevolking in subregio's: Zuidelijk Afrika ($1.311,7), Noord-Afrika ($520,4), Centraal-Afrika ($226,6), West-Afrika ($159,2) en Oost-Afrika ($107,4). De groei van de overheidsuitgaven in subregio's: Oost-Afrika (7,4%), Noord-Afrika (2,7%), West-Afrika (2,3%), Centraal-Afrika (2,3%) en Zuidelijk Afrika (2,1%).

Leiders. De overheidsuitgaven van Afrika in de jaren 2010 bestond uit: Zuid-Afrika (22,5%), Algerije (10,8%), Nigeria (9,2%), Egypte (8,6%), Marokko (6,2%), en andere (42,7%). Het aandeel van de overheidsuitgaven in BBP van de leiders: Zuid-Afrika (20,6%), Algerije (19,3%), Marokko (19,2%), Egypte (10,6%) en Nigeria (6,7%). De overheidsuitgaven per hoofd in Afrika onder de leiders: Zuid-Afrika

($1.346,6), Algerije ($899,9), Marokko ($593,5), Egypte ($307,0) en Nigeria ($168,4). De groei van de overheidsuitgaven onder de leiders: Marokko (5,1%), Algerije (3,1%), Egypte (1,9%), Zuid-Afrika (1,9%) en Nigeria (0,61%).

Hoofdstuk XIII. Huishoudelijke uitgaven

Consumptieve bestedingen van de huishoudens

De huishoudelijke uitgaven van Afrika steeg van US$111,2 miljard per jaar in de jaren 1970 tot US$1,5 biljoen per jaar in de jaren 2010, dat wil zeggen met US$1,4 biljoen of 13,6 keer. De verandering vond plaats op US$1,1 biljoen als gevolg van een 3,4-voudige stijging van de prijzen, en ook op US$129,8 miljard als gevolg van een 1,4-voudige toename van het tarief per hoofd , evenals op US$205,4 miljard als gevolg van de toename van de bevolking. De gemiddelde jaarlijkse groei van de huishoudelijke uitgaven is 3,6%. De minimumwaarde van de huishoudelijke uitgaven bedroeg US$56,8 miljard in 1970. De maximumwaarde van de huishoudelijke uitgaven bedroeg US$1,7 biljoen in 2014.

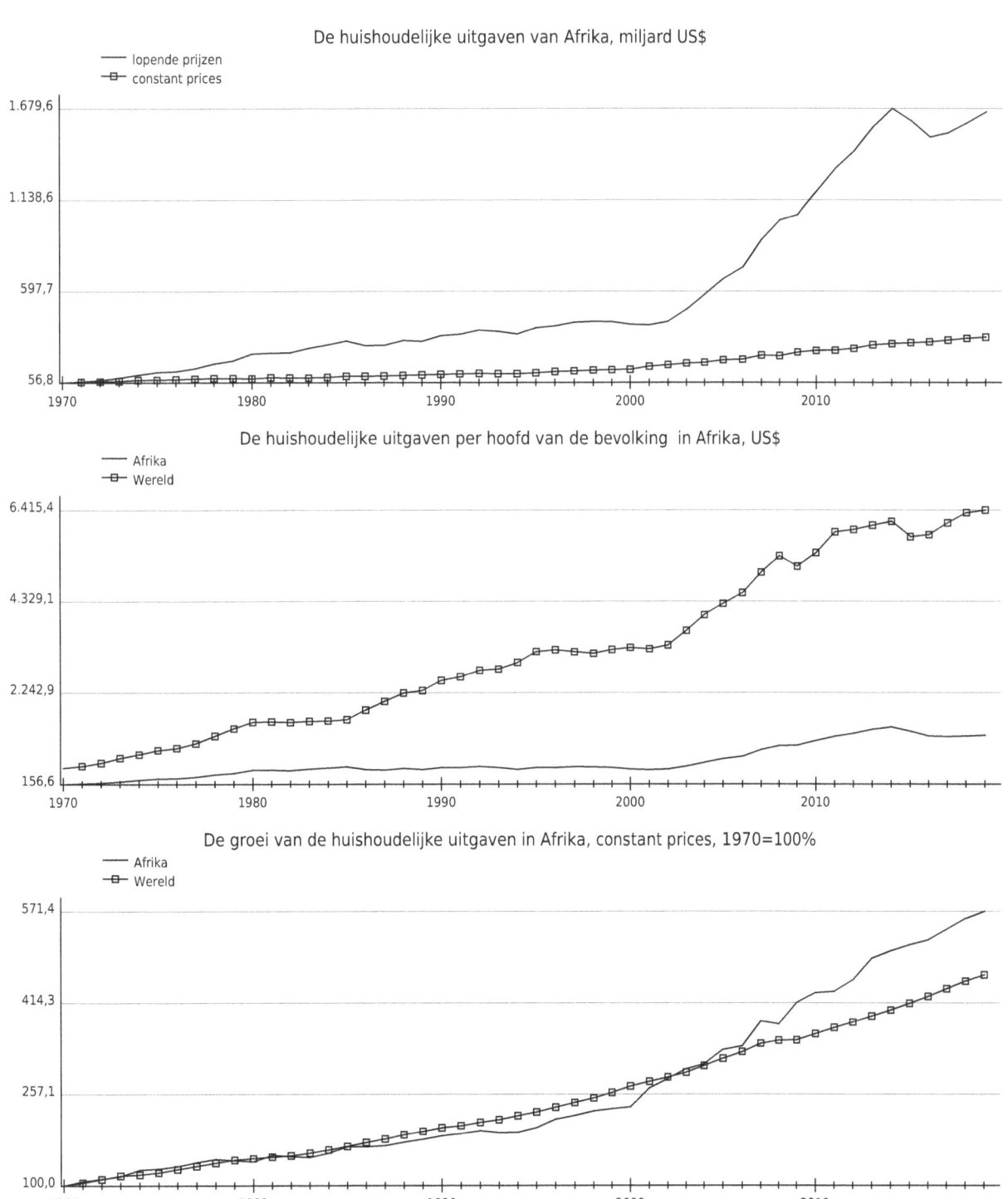

De huishoudelijke uitgaven van Afrika, miljard US$

De huishoudelijke uitgaven per hoofd van de bevolking in Afrika, US$

De groei van de huishoudelijke uitgaven in Afrika, constant prices, 1970=100%

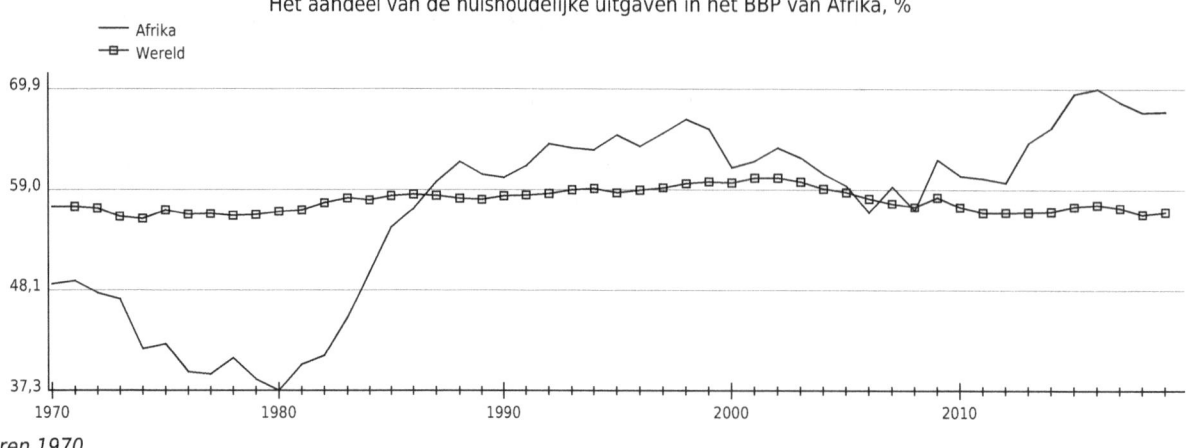

Het aandeel van de huishoudelijke uitgaven in het BBP van Afrika, %

de jaren 1970

De huishoudelijke uitgaven van Afrika bedroeg in de jaren 1970 US$111,2 miljard per jaar. Het aandeel in de wereld was 3,0%.

Het aandeel van de huishoudelijke uitgaven in het BBP van Afrika was 41,8% in de jaren 1970.

De huishoudelijke uitgaven per hoofd in Afrika was $271,0 in de jaren 1970s, en was vergelijkbaar met Centraal-Afrika (US$276,6). De huishoudelijke uitgaven per hoofd in Afrika was in 3,4 keer lager dan de huishoudelijke uitgaven per hoofd van de bevolking in de wereld ($914,8).

De groei van de huishoudelijke uitgaven in Afrika bedroeg 4.1% in de jaren 1970, en was vergelijkbaar met Liechtenstein (4,0%), Nigeria (4,1%), Zuid-Europa (4,1%). De groei van de huishoudelijke uitgaven in Afrika (4,1%) was minder dan de groei van de huishoudelijke uitgaven in de wereld (4,1%).

Vergelijking met regio's. De huishoudelijke uitgaven van Afrika was groter dan in Oceanië (US$64,8 miljard); maar minder dan in Europa (US$1,5 biljoen), in Amerika (US$1,4 biljoen) en in Azië (US$655,8 miljard). De huishoudelijke uitgaven per hoofd in Afrika was minder dan in Oceanië (US$3,0 duizend), in Amerika (US$2,5 duizend), in Europa (US$2,0 duizend) en in Azië (US$282,4). De groei van de huishoudelijke uitgaven in Afrika was groter dan in Europa (3,7%) en in Oceanië (3,1%); maar minder dan in Azië (5,2%) en in Amerika (4,1%).

Subregio's. De huishoudelijke uitgaven van Afrika in de jaren 1970 bestond uit: Noord-Afrika (28,3%), Oost-Afrika (21,4%), West-Afrika (20,5%), Zuidelijk Afrika (18,4%) en Centraal-Afrika (11,3%). Het aandeel van de huishoudelijke uitgaven in het BBP van subregio's: Oost-Afrika (69,8%), Centraal-Afrika (57,7%), Zuidelijk Afrika (55,6%), Noord-Afrika (52,5%) en West-Afrika (20,1%). De huishoudelijke uitgaven per hoofd van de bevolking in subregio's: Zuidelijk Afrika ($725,1), Noord-Afrika ($326,5), Centraal-Afrika ($276,6), Oost-Afrika ($197,3) en West-Afrika ($191,4). De groei van de huishoudelijke uitgaven in subregio's: Noord-Afrika (6,2%), West-Afrika (4,2%), Zuidelijk Afrika (3,5%), Oost-Afrika (2,9%) en Centraal-Afrika (1,4%).

Leiders. De huishoudelijke uitgaven van Afrika in de jaren 1970 bestond uit: Zuid-Afrika (17,3%), Nigeria (7,5%), Egypte (7,5%), Algerije (7,0%), Marokko (5,7%), en andere (55,0%). Het aandeel van de huishoudelijke uitgaven in BBP van de leiders: Marokko (63,2%), Egypte (62,5%), Zuid-Afrika (55,0%), Algerije (50,2%) en Nigeria (9,0%). De huishoudelijke uitgaven per hoofd in Afrika onder de leiders: Zuid-Afrika ($772,4), Algerije ($469,7), Marokko ($361,1), Egypte ($217,1) en Nigeria ($132,8). De groei van de huishoudelijke uitgaven onder de leiders: Algerije (8,5%), Egypte (4,6%), Marokko (4,1%), Nigeria (4,1%) en Zuid-Afrika (3,3%).

de jaren 1980

De huishoudelijke uitgaven van Afrika bedroeg in de jaren 1980 US$269,7 miljard per jaar. Het aandeel in de wereld was 3,1%.

Het aandeel van de huishoudelijke uitgaven in het BBP van Afrika was 50,1% in de jaren 1980, en was vergelijkbaar met Zuidwest-Azië (50,0%), Joegoslavië (50,4%), Hongarije (49,6%).

De huishoudelijke uitgaven per hoofd in Afrika was $497,8 in de jaren 1980s, en was vergelijkbaar met Albanië (US$490,3), Nigeria (US$505,8). De huishoudelijke uitgaven per hoofd in Afrika was in 3,6 keer lager dan de huishoudelijke uitgaven per hoofd van de bevolking in de wereld ($1.808,0).

De groei van de huishoudelijke uitgaven in Afrika bedroeg 2.3% in de jaren 1980, en was vergelijkbaar met Namibië (2,3%), Soedan

(2,3%), Spanje (2,3%). De groei van de huishoudelijke uitgaven in Afrika (2,3%) was minder dan de groei van de huishoudelijke uitgaven in de wereld (3,0%).

Vergelijking met regio's. De huishoudelijke uitgaven van Afrika was groter dan in Oceanië (US$144,8 miljard); maar minder dan in Amerika (US$3,4 biljoen), in Europa (US$3,1 biljoen) en in Azië (US$1,9 biljoen). De huishoudelijke uitgaven per hoofd in Afrika was minder dan in Oceanië (US$5,8 duizend), in Amerika (US$5,1 duizend), in Europa (US$4,0 duizend) en in Azië (US$666,0). De groei van de huishoudelijke uitgaven in Afrika was minder dan in Azië (4,7%), in Oceanië (3,1%), in Amerika (2,9%) en in Europa (2,3%).

Subregio's. De huishoudelijke uitgaven van Afrika in de jaren 1980 bestond uit: Noord-Afrika (30,0%), West-Afrika (26,7%), Zuidelijk Afrika (18,0%), Oost-Afrika (16,9%) en Centraal-Afrika (8,4%). Het aandeel van de huishoudelijke uitgaven in het BBP van subregio's: Oost-Afrika (71,3%), Centraal-Afrika (57,7%), Noord-Afrika (56,3%), Zuidelijk Afrika (55,4%) en West-Afrika (35,3%). De huishoudelijke uitgaven per hoofd van de bevolking in subregio's: Zuidelijk Afrika ($1.323,0), Noord-Afrika ($640,4), West-Afrika ($460,7), Centraal-Afrika ($376,3) en Oost-Afrika ($281,2). De groei van de huishoudelijke uitgaven in subregio's: Noord-Afrika (4,5%), Zuidelijk Afrika (3,4%), Centraal-Afrika (3,1%), Oost-Afrika (3,0%) en West-Afrika (-0,82%).

Leiders. De huishoudelijke uitgaven van Afrika in de jaren 1980 bestond uit: Zuid-Afrika (16,8%), Nigeria (15,5%), Algerije (10,0%), Egypte (5,7%), Libië (4,7%), en andere (47,1%). Het aandeel van de huishoudelijke uitgaven in BBP van de leiders: Egypte (67,7%), Zuid-Afrika (54,7%), Algerije (50,9%), Libië (43,5%) en Nigeria (25,6%). De huishoudelijke uitgaven per hoofd in Afrika onder de leiders: Libië ($3.375,6), Zuid-Afrika ($1.407,5), Algerije ($1.224,8), Nigeria ($505,8) en Egypte ($316,9). De groei van de huishoudelijke uitgaven onder de leiders: Egypte (7,8%), Zuid-Afrika (3,4%), Algerije (3,3%), Libië (-2,2%) en Nigeria (-2,4%).

de jaren 1990

De huishoudelijke uitgaven van Afrika bedroeg in de jaren 1990 US$377,3 miljard per jaar, en was vergelijkbaar met Zuidwest-Azië (US$372,3 miljard). Het aandeel in de wereld was 2,2%.

Het aandeel van de huishoudelijke uitgaven in het BBP van Afrika was 63,9% in de jaren 1990, en was vergelijkbaar met Noord-Amerika (64,1%), de Caraïben (64,1%), Brazilië (63,6%).

De huishoudelijke uitgaven per hoofd in Afrika was $532,7 in de jaren 1990s, en was vergelijkbaar met Indonesië (US$537,5), Guinee-Bissau (US$520,1), Ivoorkust (US$545,4). De huishoudelijke uitgaven per hoofd in Afrika was in 5,6 keer lager dan de huishoudelijke uitgaven per hoofd van de bevolking in de wereld ($2.963,9).

De groei van de huishoudelijke uitgaven in Afrika bedroeg 2.6% in de jaren 1990, en was vergelijkbaar met Honduras (2,6%), Libië (2,6%). De groei van de huishoudelijke uitgaven in Afrika (2,6%) was minder dan de groei van de huishoudelijke uitgaven in de wereld (3,0%).

Vergelijking met regio's. De huishoudelijke uitgaven van Afrika was groter dan in Oceanië (US$258,1 miljard); maar minder dan in Amerika (US$6,5 biljoen), in Europa (US$5,6 biljoen) en in Azië (US$4,2 biljoen). De huishoudelijke uitgaven per hoofd in Afrika was minder dan in Oceanië (US$8,9 duizend), in Amerika (US$8,4 duizend), in Europa (US$7,7 duizend) en in Azië (US$1.208,2). De groei van de huishoudelijke uitgaven in Afrika was groter dan in Europa (1,8%); maar minder dan in Azië (4,4%), in Amerika (3,3%) en in Oceanië (3,2%).

Subregio's. De huishoudelijke uitgaven van Afrika in de jaren 1990 bestond uit: Noord-Afrika (36,0%), Zuidelijk Afrika (24,2%), West-Afrika (18,4%), Oost-Afrika (13,9%) en Centraal-Afrika (7,5%). Het aandeel van de huishoudelijke uitgaven in het BBP van subregio's: Oost-Afrika (73,0%), Noord-Afrika (64,7%), West-Afrika (62,0%), Centraal-Afrika (61,3%) en Zuidelijk Afrika (60,7%). De huishoudelijke uitgaven per hoofd van de bevolking in subregio's: Zuidelijk Afrika ($1.953,8), Noord-Afrika ($851,7), Centraal-Afrika ($341,9), West-Afrika ($341,8) en Oost-Afrika ($242,8). De groei van de huishoudelijke uitgaven in subregio's: Noord-Afrika (3,2%), West-Afrika (3,1%), Oost-Afrika (2,9%), Zuidelijk Afrika (2,5%) en Centraal-Afrika (-1,2%).

Leiders. De huishoudelijke uitgaven van Afrika in de jaren 1990 bestond uit: Zuid-Afrika (22,6%), Egypte (12,6%), Nigeria (7,3%), Algerije (6,9%), Marokko (6,0%), en andere (44,7%). Het aandeel van de huishoudelijke uitgaven in BBP van de leiders: Egypte (75,8%), Marokko (61,5%), Zuid-Afrika (60,9%), Algerije (53,5%) en Nigeria (49,2%). De huishoudelijke uitgaven per hoofd in Afrika onder de leiders: Zuid-Afrika ($2.085,3), Algerije ($912,5), Marokko ($847,6), Egypte ($770,9) en Nigeria ($256,8). De groei van de huishoudelijke uitgaven onder de leiders: Egypte (4,0%), Nigeria (3,5%), Marokko (2,7%), Zuid-Afrika (2,4%) en Algerije (-0,72%).

de jaren 2000

De huishoudelijke uitgaven van Afrika bedroeg in de jaren 2000 US$667,1 miljard per jaar, en was vergelijkbaar met Centraal-Amerika (US$665,9 miljard). Het aandeel in de wereld was 2,4%.

Het aandeel van de huishoudelijke uitgaven in het BBP van Afrika was 59,9% in de jaren 2000, en was vergelijkbaar met Mongolië (60,0%), Zuid-Europa (60,0%), de Caraïben (60,1%).

De huishoudelijke uitgaven per hoofd in Afrika was $735,9 in de jaren 2000s, en was vergelijkbaar met Ghana (US$746,3), Senegal (US$753,1). De huishoudelijke uitgaven per hoofd in Afrika was in 5,7 keer lager dan de huishoudelijke uitgaven per hoofd van de bevolking in de wereld ($4.208,2).

De groei van de huishoudelijke uitgaven in Afrika bedroeg 6% in de jaren 2000. De groei van de huishoudelijke uitgaven in Afrika (6,0%) was groter dan de groei van de huishoudelijke uitgaven in de wereld (3,0%).

Vergelijking met regio's. De huishoudelijke uitgaven van Afrika was groter dan in Oceanië (US$474,7 miljard); maar minder dan in Amerika (US$11,0 biljoen), in Europa (US$8,7 biljoen) en in Azië (US$6,5 biljoen). De huishoudelijke uitgaven per hoofd in Afrika was minder dan in Oceanië (US$14,3 duizend), in Amerika (US$12,5 duizend), in Europa (US$11,9 duizend) en in Azië (US$1.649,6). De groei van de huishoudelijke uitgaven in Afrika was groter dan in Azië (4,4%), in Oceanië (3,6%), in Amerika (2,7%) en in Europa (2,0%).

Subregio's. De huishoudelijke uitgaven van Afrika in de jaren 2000 bestond uit: Noord-Afrika (31,4%), West-Afrika (26,2%), Zuidelijk Afrika (21,7%), Oost-Afrika (13,4%) en Centraal-Afrika (7,4%). Het aandeel van de huishoudelijke uitgaven in het BBP van subregio's: Oost-Afrika (73,1%), West-Afrika (65,3%), Zuidelijk Afrika (60,7%), Noord-Afrika (54,2%) en Centraal-Afrika (48,9%). De huishoudelijke uitgaven per hoofd van de bevolking in subregio's: Zuidelijk Afrika ($2.657,3), Noord-Afrika ($1.099,8), West-Afrika ($658,0), Centraal-Afrika ($442,5) en Oost-Afrika ($313,8). De groei van de huishoudelijke uitgaven in subregio's: West-Afrika (8,3%), Oost-Afrika (5,9%), Centraal-Afrika (5,3%), Noord-Afrika (4,8%) en Zuidelijk Afrika (4,1%).

Leiders. De huishoudelijke uitgaven van Afrika in de jaren 2000 bestond uit: Zuid-Afrika (20,1%), Nigeria (16,4%), Egypte (12,3%), Marokko (5,4%), Algerije (5,2%), en andere (40,5%). Het aandeel van de huishoudelijke uitgaven in BBP van de leiders: Egypte (73,8%), Zuid-Afrika (61,1%), Nigeria (60,9%), Marokko (57,6%) en Algerije (35,6%). De huishoudelijke uitgaven per hoofd in Afrika onder de leiders: Zuid-Afrika ($2.810,1), Marokko ($1.195,4), Egypte ($1.096,4), Algerije ($1.059,4) en Nigeria ($795,1). De groei van de huishoudelijke uitgaven onder de leiders: Nigeria (10,8%), Egypte (5,0%), Marokko (4,8%), Algerije (4,8%) en Zuid-Afrika (3,9%).

de jaren 2010

De huishoudelijke uitgaven van Afrika bedroeg in de jaren 2010 US$1,5 biljoen per jaar, en was vergelijkbaar met Zuidwest-Azië (US$1,5 biljoen). Het aandeel in de wereld was 3,4%.

Het aandeel van de huishoudelijke uitgaven in het BBP van Afrika was 65,3% in de jaren 2010, en was vergelijkbaar met Argentinië (65,3%), Portugal (65,3%), Mexico (65,4%).

De huishoudelijke uitgaven per hoofd in Afrika was $1.292,9 in de jaren 2010s, en was vergelijkbaar met de Comoren (US$1.292,7). De huishoudelijke uitgaven per hoofd in Afrika was in 4,7 keer lager dan de huishoudelijke uitgaven per hoofd van de bevolking in de wereld ($6.018,5).

De groei van de huishoudelijke uitgaven in Afrika bedroeg 3.3% in de jaren 2010, en was vergelijkbaar met Tunesië (3,3%). De groei van de huishoudelijke uitgaven in Afrika (3,3%) was groter dan de groei van de huishoudelijke uitgaven in de wereld (2,8%).

Vergelijking met regio's. De huishoudelijke uitgaven van Afrika was 59,9% groter dan in Oceanië (US$944,5 miljard); maar 11,2 keer minder dan in Amerika (US$16,9 biljoen), 8,7 keer minder dan in Azië (US$13,1 biljoen) en 7,7 keer minder dan in Europa (US$11,6 biljoen). De huishoudelijke uitgaven per hoofd in Afrika was 18,6 keer minder dan in Oceanië (US$24,1 duizend), 13,5 keer minder dan in Amerika (US$17,4 duizend), 12,1 keer minder dan in Europa (US$15,6 duizend) en 2,3 keer minder dan in Azië (US$3,0 duizend). De groei van de huishoudelijke uitgaven in Afrika was groter dan in Oceanië (2,3%), in Amerika (2,2%) en in Europa (1,3%); maar minder dan in Azië (4,9%).

Subregio's. De huishoudelijke uitgaven van Afrika in de jaren 2010 bestond uit: West-Afrika (31,2%), Noord-Afrika (29,7%), Zuidelijk Afrika (15,6%), Oost-Afrika (15,0%) en Centraal-Afrika (8,4%). Het aandeel van de huishoudelijke uitgaven in het BBP van subregio's: West-Afrika (72,7%), Oost-Afrika (72,2%), Noord-Afrika (63,0%), Zuidelijk Afrika (60,0%) en Centraal-Afrika (52,3%). De huishoudelijke uitgaven per hoofd van de bevolking in subregio's: Zuidelijk Afrika ($3.778,8), Noord-Afrika ($2.028,7), West-Afrika ($1.354,7),

Centraal-Afrika ($834,3) en Oost-Afrika ($590,4). De groei van de huishoudelijke uitgaven in subregio's: Oost-Afrika (5,4%), Centraal-Afrika (4,4%), Noord-Afrika (3,7%), Zuidelijk Afrika (2,4%) en West-Afrika (2,0%).

Leiders. De huishoudelijke uitgaven van Afrika in de jaren 2010 bestond uit: Nigeria (21,8%), Egypte (14,3%), Zuid-Afrika (14,2%), Algerije (4,6%), Marokko (4,1%), en andere (41,0%). Het aandeel van de huishoudelijke uitgaven in BBP van de leiders: Egypte (81,6%), Nigeria (73,3%), Zuid-Afrika (59,9%), Marokko (58,8%) en Algerije (37,7%). De huishoudelijke uitgaven per hoofd in Afrika onder de leiders: Zuid-Afrika ($3.910,8), Egypte ($2.358,9), Nigeria ($1.836,5), Marokko ($1.813,5) en Algerije ($1.755,7). De groei van de huishoudelijke uitgaven onder de leiders: Egypte (4,4%), Marokko (4,2%), Algerije (4,0%), Zuid-Afrika (2,3%) en Nigeria (1,6%).

Hoofdstuk XIV. Voedsel consumptie

Tijdens de onderzoeksperiode groeide de voedselconsumptie in noten (met 95,7%), stimulerende middelen (met 77,0%), eieren (met 62,3%), groenten (met 48,3%), vis (met 47,3%), vlees (met 38,0%), peulvruchten (met 35,2%), zetmeelrijke wortels (met 34,0%), melk (met 33,9%), plantaardige oliën (met 30,2%), fruit (met 29,1%), specerijen (met 25,7%), suiker (met 21,7%), granen (met 16,3%), maar daalde in alcoholische dranken (met 5,1%).

Dit zijn de correlatiecoëfficiënten tussen het bni per hoofd van de bevolking in constante prijzen en de voedselconsumptie: vlees (0.994), fruit (0.98), groenten (0.969), peulvruchten (0.969), vis (0.967), noten (0.96), stimulerende middelen (0.957), melk (0.944), specerijen (0.942), eieren (0.931), zetmeelrijke wortels (0.91), granen (0.826), plantaardige oliën (0.797), suiker (0.774), alcoholische dranken (-0.507).

de jaren 1970

De consumptie van kcal in Afrika was 2.120,4 kcal/hoofd/dag in the 1970s, and was on a par with Peru (2.116,5 kcal/hoofd/dag), Gabon (2.125,8 kcal/hoofd/dag), Lesotho (2.139,8 kcal/hoofd/dag). De consumptie van kcal in Afrika was minder dan in de wereld (2.403,2 kcal/hoofd/dag). De structuur van de consumptie: granen (51.5%), zetmeelrijke wortels (11.9%), plantaardige oliën (7.6%), suiker (6.2%), fruit (4%), en anderen (18.8%).

De consumptie van eiwitten in Afrika was 54,9 g/hoofd/dag in the 1970s, and was on a par with Maleisië (54,9 g/hoofd/dag), Oost-Afrika (54,9 g/hoofd/dag), Tsjaad (54,8 g/hoofd/dag). De consumptie van eiwitten in Afrika was minder dan in de wereld (65,0 g/hoofd/dag). De structuur van de consumptie: granen (53.4%), peulvruchten (9.7%), vlees (9.6%), melk (5.5%), zetmeelrijke wortels (4.8%), en anderen (17%).

De consumptie van vet in Afrika was 43,8 g/hoofd/dag in the 1970s, and was on a par with Mali (43,8 g/hoofd/dag), Benin (43,8 g/hoofd/dag), Colombia (43,8 g/hoofd/dag). De consumptie van vet in Afrika was minder dan in de wereld (55,1 g/hoofd/dag). De structuur van de consumptie: plantaardige oliën (41.4%), granen (18.1%), vlees (11.2%), melk (6.6%), vis (1.1%), en anderen (21.6%).

Dit zijn niveaus van voedselconsumptie: granen (130,1 kg/hoofd/jr), zetmeelrijke wortels (98,5 kg/hoofd/jr), fruit (50,8 kg/hoofd/jr), groenten (45,8 kg/hoofd/jr), alcoholische dranken (38,0 kg/hoofd/jr), melk (34,0 kg/hoofd/jr), vlees (13,5 kg/hoofd/jr), suiker (13,5 kg/hoofd/jr), peulvruchten (8,6 kg/hoofd/jr), vis (7,3 kg/hoofd/jr), plantaardige oliën (6,6 kg/hoofd/jr), eieren (1,6 kg/hoofd/jr), noten (0,93 kg/hoofd/jr), stimulerende middelen (0,87 kg/hoofd/jr), specerijen (0,76 kg/hoofd/jr).

de jaren 1980

De consumptie van kcal in Afrika was 2.241,9 kcal/hoofd/dag in the 1980s, and was on a par with Guatemala (2.239,4 kcal/hoofd/dag), Tanzania (2.237,5 kcal/hoofd/dag), Grenada (2.233,4 kcal/hoofd/dag). De consumptie van kcal in Afrika was minder dan in de wereld (2.572,3 kcal/hoofd/dag). De structuur van de consumptie: granen (52.3%), zetmeelrijke wortels (10.8%), plantaardige oliën (8.1%), suiker (6.8%), fruit (3.9%), en anderen (18.1%).

De consumptie van eiwitten in Afrika was 57,5 g/hoofd/dag in the 1980s, and was on a par with Guatemala (57,4 g/hoofd/dag), Guyana (57,1 g/hoofd/dag), Mali (57,8 g/hoofd/dag). De consumptie van eiwitten in Afrika was minder dan in de wereld (69,1 g/hoofd/dag). De structuur van de consumptie: granen (54.9%), vlees (9.9%), peulvruchten (8.8%), melk (5.9%), zetmeelrijke wortels (4.3%), en anderen (16.2%).

De consumptie van vet in Afrika was 46,6 g/hoofd/dag in the 1980s, and was on a par with West-Afrika (46,3 g/hoofd/dag). De consumptie van vet in Afrika was minder dan in de wereld (63,2 g/hoofd/dag). De structuur van de consumptie: plantaardige oliën (44.3%), granen (17.5%), vlees (11.2%), melk (6.8%), vis (1.2%), en anderen (19%).

Dit zijn niveaus van voedselconsumptie: granen (139,6 kg/hoofd/jr), zetmeelrijke wortels (94,4 kg/hoofd/jr), fruit (52,9 kg/hoofd/jr), groenten (48,1 kg/hoofd/jr), alcoholische dranken (37,6 kg/hoofd/jr), melk (37,5 kg/hoofd/jr), suiker (15,7 kg/hoofd/jr), vlees (14,6 kg/hoofd/jr), vis (8,3 kg/hoofd/jr), peulvruchten (8,1 kg/hoofd/jr), plantaardige oliën (7,6 kg/hoofd/jr), eieren (2,0 kg/hoofd/jr), stimulerende middelen (0,94 kg/hoofd/jr), noten (0,90 kg/hoofd/jr), specerijen (0,70 kg/hoofd/jr).

de jaren 1990

De consumptie van kcal in Afrika was 2.365,6 kcal/hoofd/dag in the 1990s, and was on a par with Saint Vincent en de Grenadines (2.365,1 kcal/hoofd/dag), Kaapverdië (2.365,1 kcal/hoofd/dag), Pakistan (2.362,8 kcal/hoofd/dag). De consumptie van kcal in Afrika was minder dan in de wereld (2.652,6 kcal/hoofd/dag). De structuur van de consumptie: granen (52.3%), zetmeelrijke wortels (12.5%), plantaardige oliën (8.4%), suiker (6%), fruit (3.9%), en anderen (16.9%).

De consumptie van eiwitten in Afrika was 60,1 g/hoofd/dag in the 1990s, and was on a par with Kaapverdië (60,2 g/hoofd/dag), Venezuela (60,0 g/hoofd/dag), Pakistan (60,3 g/hoofd/dag). De consumptie van eiwitten in Afrika was minder dan in de wereld (72,1 g/hoofd/dag). De structuur van de consumptie: granen (55.1%), vlees (9.5%), peulvruchten (9%), melk (5.4%), zetmeelrijke wortels (5.2%), en anderen (15.8%).

De consumptie van vet in Afrika was 48,6 g/hoofd/dag in the 1990s, and was on a par with Zimbabwe (48,3 g/hoofd/dag), Burkina Faso (48,3 g/hoofd/dag), Bosnië en Herzegovina (48,1 g/hoofd/dag). De consumptie van vet in Afrika was minder dan in de wereld (69,0 g/hoofd/dag). De structuur van de consumptie: plantaardige oliën (46.3%), granen (17.4%), vlees (10.8%), melk (6.6%), vis (1.1%), en anderen (17.8%).

Dit zijn niveaus van voedselconsumptie: granen (146,6 kg/hoofd/jr), zetmeelrijke wortels (115,9 kg/hoofd/jr), fruit (55,8 kg/hoofd/jr), groenten (53,3 kg/hoofd/jr), melk (35,3 kg/hoofd/jr), alcoholische dranken (35,2 kg/hoofd/jr), vlees (14,8 kg/hoofd/jr), suiker (14,5 kg/hoofd/jr), peulvruchten (8,7 kg/hoofd/jr), plantaardige oliën (8,3 kg/hoofd/jr), vis (7,7 kg/hoofd/jr), eieren (2,1 kg/hoofd/jr), stimulerende middelen (0,94 kg/hoofd/jr), noten (0,93 kg/hoofd/jr), specerijen (0,79 kg/hoofd/jr).

de jaren 2000

De consumptie van kcal in Afrika was 2.509,9 kcal/hoofd/dag in the 2000s, and was on a par with Gambia (2.507,0 kcal/hoofd/dag), Honduras (2.504,5 kcal/hoofd/dag), Indonesië (2.487,0 kcal/hoofd/dag). De consumptie van kcal in Afrika was minder dan in de wereld (2.765,9 kcal/hoofd/dag). De structuur van de consumptie: granen (50.1%), zetmeelrijke wortels (12.7%), plantaardige oliën (8.3%), suiker (6%), fruit (4.1%), en anderen (18.8%).

De consumptie van eiwitten in Afrika was 65,1 g/hoofd/dag in the 2000s, and was on a par with Vanuatu (65,3 g/hoofd/dag). De consumptie van eiwitten in Afrika was minder dan in de wereld (76,5 g/hoofd/dag). De structuur van de consumptie: granen (51.2%), peulvruchten (9.8%), vlees (9.7%), melk (6%), zetmeelrijke wortels (5.6%), en anderen (17.7%).

De consumptie van vet in Afrika was 52,8 g/hoofd/dag in the 2000s, and was on a par with Vietnam (52,8 g/hoofd/dag), Tadzjikistan (52,7 g/hoofd/dag). De consumptie van vet in Afrika was minder dan in de wereld (76,9 g/hoofd/dag). De structuur van de consumptie: plantaardige oliën (44.9%), granen (15.7%), vlees (11.1%), melk (7.8%), noten (1.5%), en anderen (19%).

Dit zijn niveaus van voedselconsumptie: granen (148,4 kg/hoofd/jr), zetmeelrijke wortels (123,8 kg/hoofd/jr), groenten (63,3 kg/hoofd/jr), fruit (61,8 kg/hoofd/jr), melk (42,8 kg/hoofd/jr), alcoholische dranken (35,0 kg/hoofd/jr), vlees (16,6 kg/hoofd/jr), suiker (15,6 kg/hoofd/jr), peulvruchten (10,4 kg/hoofd/jr), vis (9,1 kg/hoofd/jr), plantaardige oliën (8,7 kg/hoofd/jr), eieren (2,2 kg/hoofd/jr), noten (1,6 kg/hoofd/jr), stimulerende middelen (1,1 kg/hoofd/jr), specerijen (0,88 kg/hoofd/jr).

de jaren 2010

De consumptie van kcal in Afrika was 2.612,5 kcal/hoofd/dag in the 2010s, and was on a par with Honduras (2.622,5 kcal/hoofd/dag), Nepal (2.625,5 kcal/hoofd/dag), de Bahama's (2.626,8 kcal/hoofd/dag). De consumptie van kcal in Afrika was minder dan in de wereld (2.869,3 kcal/hoofd/dag). De structuur van de consumptie: granen (49.2%), zetmeelrijke wortels (13%), plantaardige oliën (8%), suiker (6%), peulvruchten (4.1%), en anderen (19.7%).

De consumptie van eiwitten in Afrika was 69,0 g/hoofd/dag in the 2010s, and was on a par with Paraguay (69,0 g/hoofd/dag), Grenada (69,1 g/hoofd/dag), Kameroen (68,4 g/hoofd/dag). De consumptie van eiwitten in Afrika was minder dan in de wereld (80,6 g/hoofd/dag). De structuur van de consumptie: granen (49%), peulvruchten (10.3%), vlees (10.3%), melk (6.1%), zetmeelrijke wortels (5.8%), en anderen (18.5%).

De consumptie van vet in Afrika was 54,7 g/hoofd/dag in the 2010s, and was on a par with Niger (55,2 g/hoofd/dag). De consumptie van vet in Afrika was minder dan in de wereld (82,4 g/hoofd/dag). De structuur van de consumptie: plantaardige oliën (43.1%), granen (15.2%), vlees (11.7%), melk (7.8%), noten (1.7%), en anderen (20.5%).

Dit zijn niveaus van voedselconsumptie: granen (151,3 kg/hoofd/jr), zetmeelrijke wortels (132,0 kg/hoofd/jr), groenten (68,0 kg/hoofd/jr), fruit (65,6 kg/hoofd/jr), melk (45,6 kg/hoofd/jr), alcoholische dranken (36,2 kg/hoofd/jr), vlees (18,7 kg/hoofd/jr), suiker (16,4 kg/hoofd/jr), peulvruchten (11,6 kg/hoofd/jr), vis (10,8 kg/hoofd/jr), plantaardige oliën (8,7 kg/hoofd/jr), eieren (2,6 kg/hoofd/jr), noten (1,8 kg/hoofd/jr), stimulerende middelen (1,5 kg/hoofd/jr), specerijen (0,96 kg/hoofd/jr).

Part V. Reproductie

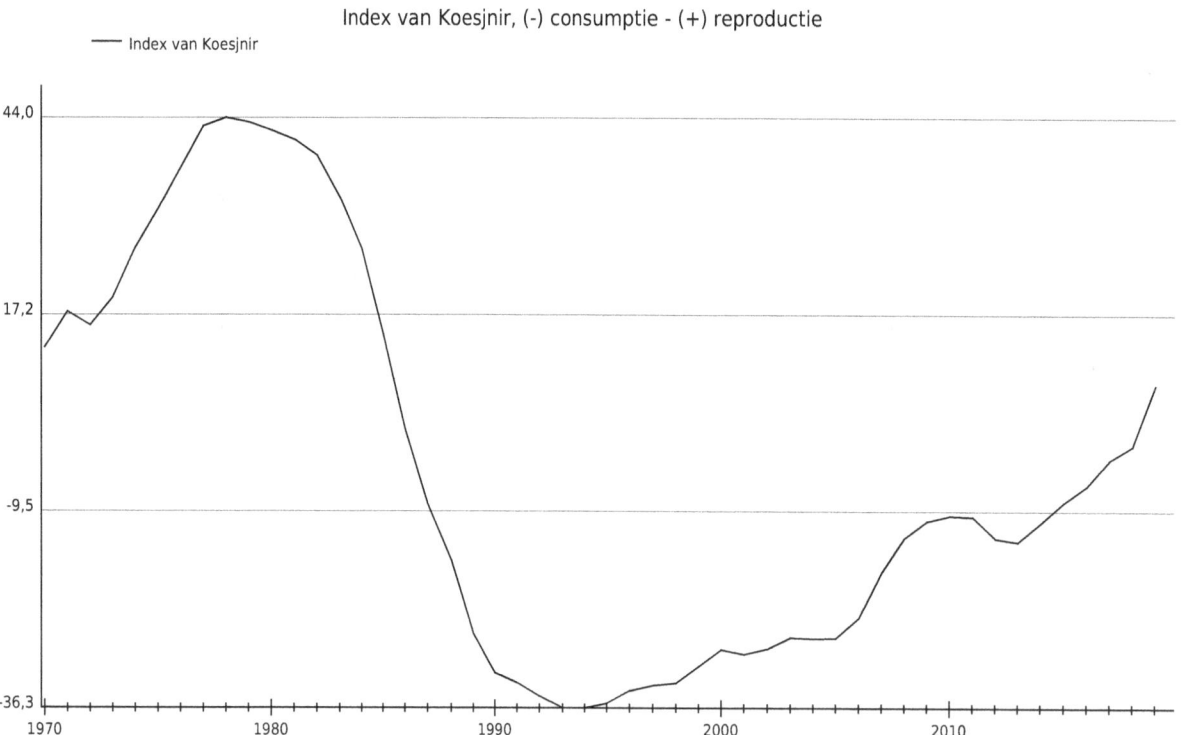

Index van Koesjnir, (-) consumptie - (+) reproductie

Hoofdstuk XV. Bruto-investeringen in vaste activa

De bruto-investeringen in vaste activa van Afrika steeg van US$118,9 miljard per jaar in de jaren 1970 tot US$514,5 miljard per jaar in de jaren 2010, dat wil zeggen met US$395,6 miljard of 4,3 keer. De verandering vond plaats op US$216,2 miljard als gevolg van een 1,7-voudige stijging van de prijzen, en ook op -US$40,2 miljard als gevolg van een 1,1-voudige afname van het tarief per hoofd , evenals op US$219,7 miljard als gevolg van de toename van de bevolking. De gemiddelde jaarlijkse groei van de investeringen in vaste activa is 3,0%. De minimumwaarde van de investeringen in vaste activa bedroeg US$40,3 miljard in 1970. De maximumwaarde van de investeringen in vaste activa bedroeg US$586,0 miljard in 2019.

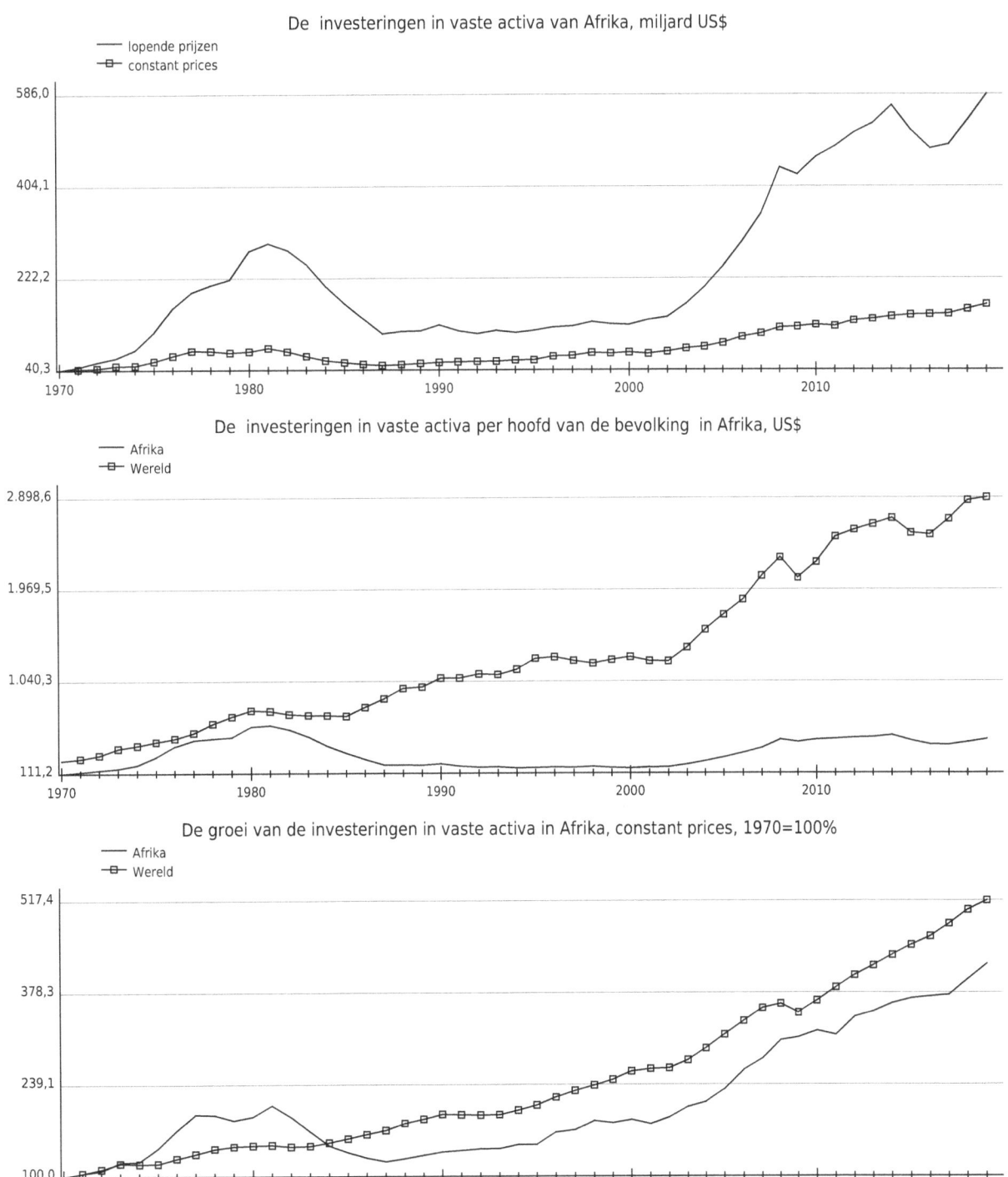

De investeringen in vaste activa van Afrika, miljard US$

De investeringen in vaste activa per hoofd van de bevolking in Afrika, US$

De groei van de investeringen in vaste activa in Afrika, constant prices, 1970=100%

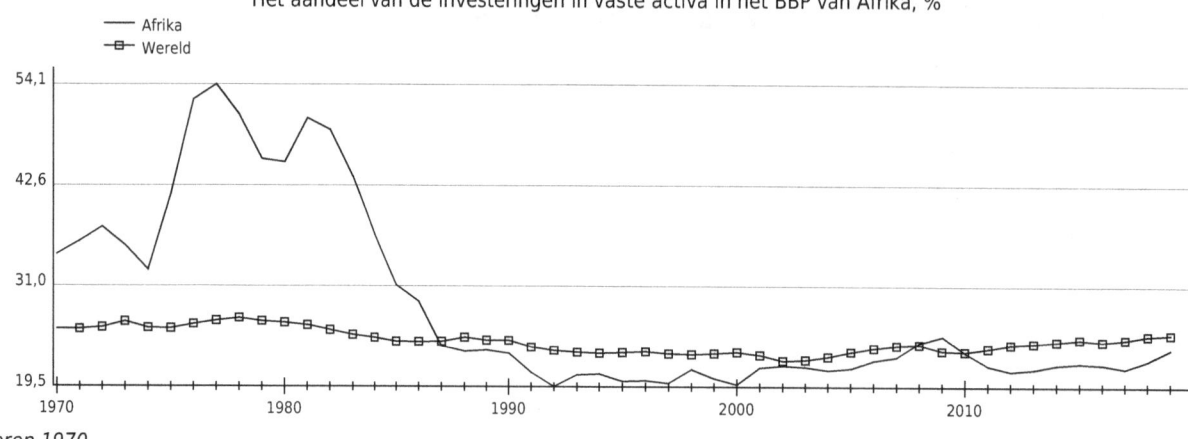

Het aandeel van de investeringen in vaste activa in het BBP van Afrika, %

de jaren 1970

De bruto-investeringen in vaste activa van Afrika bedroeg in de jaren 1970 US$118,9 miljard per jaar. Het aandeel in de wereld was 6,8%.

Het aandeel van de investeringen in vaste activa in het BBP van Afrika was 44,7% in de jaren 1970.

De investeringen in vaste activa per hoofd in Afrika was $289,8 in de jaren 1970s, en was vergelijkbaar met Centraal-Amerika (US$286,9), Malta (US$286,3), Turkije (US$294,7). De bruto-investeringen in vaste activa per hoofd in Afrika was 33,1% lager dan de investeringen in vaste activa per hoofd van de bevolking in de wereld ($433,5).

De groei van de investeringen in vaste activa in Afrika bedroeg 7.1% in de jaren 1970, en was vergelijkbaar met de Maldiven (7,1%), Ierland (7,1%). De groei van de investeringen in vaste activa in Afrika (7,1%) was groter dan de groei van de investeringen in vaste activa in de wereld (4,2%).

Vergelijking met regio's. De investeringen in vaste activa van Afrika was groter dan in Oceanië (US$30,7 miljard); maar minder dan in Europa (US$738,5 miljard), in Amerika (US$511,3 miljard) en in Azië (US$350,9 miljard). De bruto-investeringen in vaste activa per hoofd in Afrika was groter dan in Azië (US$151,1); maar minder dan in Oceanië (US$1.437,8), in Europa (US$1.018,0) en in Amerika (US$913,4). De groei van de investeringen in vaste activa in Afrika was groter dan in Azië (6,2%), in Amerika (5,3%), in Oceanië (2,6%) en in Europa (2,4%).

Subregio's. De investeringen in vaste activa van Afrika in de jaren 1970 bestond uit: West-Afrika (68,9%), Noord-Afrika (13,4%), Zuidelijk Afrika (8,5%), Centraal-Afrika (4,8%) en Oost-Afrika (4,4%). Het aandeel van de investeringen in vaste activa in het BBP van subregio's: West-Afrika (72,4%), Zuidelijk Afrika (27,4%), Noord-Afrika (26,5%), Centraal-Afrika (26,3%) en Oost-Afrika (15,3%). De bruto-investeringen in vaste activa per hoofd van de bevolking in subregio's: West-Afrika ($687,4), Zuidelijk Afrika ($357,0), Noord-Afrika ($164,8), Centraal-Afrika ($126,3) en Oost-Afrika ($43,3). De groei van de investeringen in vaste activa in subregio's: Noord-Afrika (9,5%), West-Afrika (8,5%), Zuidelijk Afrika (3,7%), Centraal-Afrika (2,5%) en Oost-Afrika (-0,32%).

Leiders. De bruto-investeringen in vaste activa van Afrika in de jaren 1970 bestond uit: Nigeria (65,7%), Zuid-Afrika (8,1%), Algerije (5,1%), Libië (2,8%), Marokko (2,1%), en andere (16,2%). Het aandeel van de investeringen in vaste activa in BBP van de leiders: Nigeria (84,1%), Algerije (39,7%), Zuid-Afrika (27,4%), Marokko (24,8%) en Libië (23,9%). De investeringen in vaste activa per hoofd in Afrika onder de leiders: Libië ($1.267,4), Nigeria ($1.240,6), Zuid-Afrika ($385,1), Algerije ($371,3) en Marokko ($141,9). De groei van de investeringen in vaste activa onder de leiders: Algerije (10,4%), Nigeria (9,1%), Marokko (8,3%), Libië (7,8%) en Zuid-Afrika (3,5%).

de jaren 1980

De bruto-investeringen in vaste activa van Afrika bedroeg in de jaren 1980 US$196,1 miljard per jaar. Het aandeel in de wereld was 5,1%.

Het aandeel van de investeringen in vaste activa in het BBP van Afrika was 36,4% in de jaren 1980.

De investeringen in vaste activa per hoofd in Afrika was $362,0 in de jaren 1980s, en was vergelijkbaar met Panama (US$354,5). De bruto-investeringen in vaste activa per hoofd in Afrika was in 2,2 keer lager dan de investeringen in vaste activa per hoofd van de bevolking in de wereld ($790,9).

De groei van de investeringen in vaste activa in Afrika bedroeg -3.3% in de jaren 1980. De groei van de investeringen in vaste activa in Afrika (-3,3%) was minder dan de groei van de investeringen in vaste activa in de wereld (2,5%).

Vergelijking met regio's. De investeringen in vaste activa van Afrika was groter dan in Oceanië (US$70,0 miljard); maar minder dan in Europa (US$1,3 biljoen), in Amerika (US$1,2 biljoen) en in Azië (US$990,6 miljard). De investeringen in vaste activa per hoofd in Afrika was groter dan in Azië (US$349,2); maar minder dan in Oceanië (US$2,8 duizend), in Amerika (US$1.848,1) en in Europa (US$1.748,4). De groei van de investeringen in vaste activa in Afrika was minder dan in Oceanië (4,9%), in Azië (4,8%), in Europa (2,2%) en in Amerika (1,9%).

Subregio's. De investeringen in vaste activa van Afrika in de jaren 1980 bestond uit: West-Afrika (60,5%), Noord-Afrika (19,5%), Zuidelijk Afrika (10,6%), Centraal-Afrika (5,0%) en Oost-Afrika (4,4%). Het aandeel van de investeringen in vaste activa in het BBP van subregio's: West-Afrika (58,2%), Noord-Afrika (26,7%), Centraal-Afrika (25,0%), Zuidelijk Afrika (23,7%) en Oost-Afrika (13,5%). De bruto-investeringen in vaste activa per hoofd van de bevolking in subregio's: West-Afrika ($759,4), Zuidelijk Afrika ($566,4), Noord-Afrika ($303,5), Centraal-Afrika ($162,8) en Oost-Afrika ($53,2). De groei van de investeringen in vaste activa in subregio's: Zuidelijk Afrika (0,63%), Oost-Afrika (-0,67%), Noord-Afrika (-1,2%), Centraal-Afrika (-1,3%) en West-Afrika (-6,7%).

Leiders. De bruto-investeringen in vaste activa van Afrika in de jaren 1980 bestond uit: Nigeria (57,3%), Zuid-Afrika (10,0%), Algerije (8,6%), Egypte (3,3%), Libië (3,3%), en andere (17,6%). Het aandeel van de investeringen in vaste activa in BBP van de leiders: Nigeria (68,7%), Algerije (31,7%), Egypte (28,1%), Zuid-Afrika (23,7%) en Libië (21,7%). De bruto-investeringen in vaste activa per hoofd in Afrika onder de leiders: Libië ($1.684,5), Nigeria ($1.357,1), Algerije ($762,5), Zuid-Afrika ($610,6) en Egypte ($131,5). De groei van de investeringen in vaste activa onder de leiders: Egypte (8,3%), Zuid-Afrika (0,21%), Algerije (-0,84%), Nigeria (-6,8%) en Libië (-7,3%).

de jaren 1990

De bruto-investeringen in vaste activa van Afrika bedroeg in de jaren 1990 US$122,7 miljard per jaar, en was vergelijkbaar met Canada (US$121,9 miljard). Het aandeel in de wereld was 1,8%.

Het aandeel van de investeringen in vaste activa in het BBP van Afrika was 20,8% in de jaren 1990, en was vergelijkbaar met Amerika (20,7%), Oeganda (20,7%), Nepal (20,8%).

De investeringen in vaste activa per hoofd in Afrika was $173,2 in de jaren 1990s, en was vergelijkbaar met Sri Lanka (US$176,5). De investeringen in vaste activa per hoofd in Afrika was in 6,8 keer lager dan de investeringen in vaste activa per hoofd van de bevolking in de wereld ($1.183,8).

De groei van de investeringen in vaste activa in Afrika bedroeg 3.2% in de jaren 1990, en was vergelijkbaar met Spanje (3,2%). De groei van de investeringen in vaste activa in Afrika (3,2%) was groter dan de groei van de investeringen in vaste activa in de wereld (2,8%).

Vergelijking met regio's. De bruto-investeringen in vaste activa van Afrika was groter dan in Oceanië (US$106,7 miljard); maar minder dan in Azië (US$2,3 biljoen), in Europa (US$2,1 biljoen) en in Amerika (US$2,1 biljoen). De investeringen in vaste activa per hoofd in Afrika was minder dan in Oceanië (US$3,7 duizend), in Europa (US$3,0 duizend), in Amerika (US$2,7 duizend) en in Azië (US$661,5). De groei van de investeringen in vaste activa in Afrika was groter dan in Europa (0,024%); maar minder dan in Amerika (4,4%), in Azië (4,3%) en in Oceanië (3,9%).

Subregio's. De bruto-investeringen in vaste activa van Afrika in de jaren 1990 bestond uit: Noord-Afrika (35,2%), West-Afrika (27,8%), Zuidelijk Afrika (21,3%), Oost-Afrika (9,2%) en Centraal-Afrika (6,5%). Het aandeel van de investeringen in vaste activa in het BBP van subregio's: West-Afrika (30,4%), Noord-Afrika (20,6%), Zuidelijk Afrika (17,4%), Centraal-Afrika (17,3%) en Oost-Afrika (15,7%). De investeringen in vaste activa per hoofd van de bevolking in subregio's: Zuidelijk Afrika ($559,4), Noord-Afrika ($270,7), West-Afrika ($167,7), Centraal-Afrika ($96,4) en Oost-Afrika ($52,2). De groei van de investeringen in vaste activa in subregio's: Centraal-Afrika (7,6%), Oost-Afrika (3,9%), West-Afrika (3,0%), Noord-Afrika (2,6%) en Zuidelijk Afrika (1,5%).

Leiders. De investeringen in vaste activa van Afrika in de jaren 1990 bestond uit: Nigeria (19,3%), Zuid-Afrika (19,1%), Algerije (10,1%), Egypte (9,8%), Marokko (7,2%), en andere (34,6%). Het aandeel van de investeringen in vaste activa in BBP van de leiders: Nigeria (42,5%), Algerije (25,6%), Marokko (23,9%), Egypte (19,1%) en Zuid-Afrika (16,8%). De bruto-investeringen in vaste activa per hoofd in Afrika onder de leiders: Zuid-Afrika ($573,3), Algerije ($437,6), Marokko ($329,1), Nigeria ($221,7) en Egypte ($194,0). De groei van de investeringen in vaste activa onder de leiders: Egypte (6,8%), Marokko (4,1%), Nigeria (2,7%), Zuid-Afrika (1,3%) en Algerije (-0,52%).

de jaren 2000

De investeringen in vaste activa van Afrika bedroeg in de jaren 2000 US$254,6 miljard per jaar, en was vergelijkbaar met Zuid-Korea (US$258,3 miljard). Het aandeel in de wereld was 2,3%.

Het aandeel van de investeringen in vaste activa in het BBP van Afrika was 22,9% in de jaren 2000, en was vergelijkbaar met Palestina (22,8%), Nieuw-Zeeland (22,9%), Zweden (22,9%).

De bruto-investeringen in vaste activa per hoofd in Afrika was $280,9 in de jaren 2000s, en was vergelijkbaar met Nicaragua (US$276,0), Egypte (US$274,2). De bruto-investeringen in vaste activa per hoofd in Afrika was in 6,0 keer lager dan de investeringen in vaste activa per hoofd van de bevolking in de wereld ($1.690,7).

De groei van de investeringen in vaste activa in Afrika bedroeg 5.6% in de jaren 2000, en was vergelijkbaar met Palau (5,6%). De groei van de investeringen in vaste activa in Afrika (5,6%) was groter dan de groei van de investeringen in vaste activa in de wereld (3,5%).

Vergelijking met regio's. De investeringen in vaste activa van Afrika was groter dan in Oceanië (US$219,8 miljard); maar minder dan in Amerika (US$3,6 biljoen), in Azië (US$3,6 biljoen) en in Europa (US$3,4 biljoen). De bruto-investeringen in vaste activa per hoofd in Afrika was minder dan in Oceanië (US$6,6 duizend), in Europa (US$4,6 duizend), in Amerika (US$4,1 duizend) en in Azië (US$905,5). De groei van de investeringen in vaste activa in Afrika was groter dan in Oceanië (5,0%), in Europa (1,6%) en in Amerika (1,3%); maar minder dan in Azië (6,8%).

Subregio's. De bruto-investeringen in vaste activa van Afrika in de jaren 2000 bestond uit: Noord-Afrika (37,1%), West-Afrika (24,5%), Zuidelijk Afrika (18,0%), Oost-Afrika (10,3%) en Centraal-Afrika (10,1%). Het aandeel van de investeringen in vaste activa in het BBP van subregio's: Centraal-Afrika (25,6%), Noord-Afrika (24,4%), West-Afrika (23,4%), Oost-Afrika (21,5%) en Zuidelijk Afrika (19,3%). De investeringen in vaste activa per hoofd van de bevolking in subregio's: Zuidelijk Afrika ($842,8), Noord-Afrika ($495,7), West-Afrika ($235,5), Centraal-Afrika ($231,7) en Oost-Afrika ($92,0). De groei van de investeringen in vaste activa in subregio's: Oost-Afrika (10,1%), Zuidelijk Afrika (7,2%), Noord-Afrika (6,7%), Centraal-Afrika (5,8%) en West-Afrika (2,1%).

Leiders. De bruto-investeringen in vaste activa van Afrika in de jaren 2000 bestond uit: Nigeria (16,6%), Zuid-Afrika (16,2%), Algerije (10,3%), Egypte (8,1%), Marokko (7,3%), en andere (41,5%). Het aandeel van de investeringen in vaste activa in BBP van de leiders: Marokko (29,5%), Algerije (26,7%), Nigeria (23,6%), Zuid-Afrika (18,8%) en Egypte (18,4%). De bruto-investeringen in vaste activa per hoofd in Afrika onder de leiders: Zuid-Afrika ($865,1), Algerije ($795,6), Marokko ($612,3), Nigeria ($307,8) en Egypte ($274,2). De groei van de investeringen in vaste activa onder de leiders: Algerije (7,8%), Zuid-Afrika (7,4%), Marokko (7,3%), Egypte (5,2%) en Nigeria (0,52%).

de jaren 2010

De investeringen in vaste activa van Afrika bedroeg in de jaren 2010 US$514,5 miljard per jaar. Het aandeel in de wereld was 2,7%.

Het aandeel van de investeringen in vaste activa in het BBP van Afrika was 22,2% in de jaren 2010, en was vergelijkbaar met Kazachstan (22,3%), Hongkong (22,3%), Frankrijk (22,3%).

De investeringen in vaste activa per hoofd in Afrika was $440,4 in de jaren 2010s, en was vergelijkbaar met Egypte (US$443,5). De investeringen in vaste activa per hoofd in Afrika was in 6,0 keer lager dan de investeringen in vaste activa per hoofd van de bevolking in de wereld ($2.621,1).

De groei van de investeringen in vaste activa in Afrika bedroeg 3.1% in de jaren 2010, en was vergelijkbaar met Egypte (3,1%), Kiribati (3,1%). De groei van de investeringen in vaste activa in Afrika (3,1%) was minder dan de groei van de investeringen in vaste activa in de wereld (4,1%).

Vergelijking met regio's. De bruto-investeringen in vaste activa van Afrika was 24,3% groter dan in Oceanië (US$413,9 miljard); maar 17,2 keer minder dan in Azië (US$8,8 biljoen), 10,0 keer minder dan in Amerika (US$5,1 biljoen) en 8,4 keer minder dan in Europa (US$4,3 biljoen). De investeringen in vaste activa per hoofd in Afrika was 23,9 keer minder dan in Oceanië (US$10,5 duizend), 13,1 keer minder dan in Europa (US$5,8 duizend), 12,0 keer minder dan in Amerika (US$5,3 duizend) en 4,6 keer minder dan in Azië (US$2,0 duizend). De groei van de investeringen in vaste activa in Afrika was groter dan in Amerika (2,9%), in Europa (2,2%) en in Oceanië (1,3%); maar minder dan in Azië (6,0%).

Subregio's. De bruto-investeringen in vaste activa van Afrika in de jaren 2010 bestond uit: Noord-Afrika (33,2%), West-Afrika (23,4%), Oost-Afrika (16,1%), Zuidelijk Afrika (15,2%) en Centraal-Afrika (12,1%). Het aandeel van de investeringen in vaste activa in het BBP van subregio's: Oost-Afrika (26,4%), Centraal-Afrika (25,6%), Noord-Afrika (24,0%), Zuidelijk Afrika (19,9%) en West-Afrika (18,5%). De bruto-investeringen in vaste activa per hoofd van de bevolking in subregio's: Zuidelijk Afrika ($1.254,8), Noord-Afrika ($771,6), Centraal-Afrika ($408,5), West-Afrika ($345,5) en Oost-Afrika ($215,7). De groei van de investeringen in vaste activa in subregio's: Oost-Afrika (10,4%), West-Afrika (2,9%), Noord-Afrika (2,2%), Zuidelijk Afrika (1,2%) en Centraal-Afrika (-0,89%).

Leiders. De investeringen in vaste activa van Afrika in de jaren 2010 bestond uit: Nigeria (14,3%), Zuid-Afrika (13,4%), Algerije (13,3%), Egypte (7,9%), Marokko (6,1%), en andere (44,9%). Het aandeel van de investeringen in vaste activa in BBP van de leiders: Algerije (37,2%), Marokko (29,8%), Zuid-Afrika (19,3%), Nigeria (16,5%) en Egypte (15,3%). De bruto-investeringen in vaste activa per hoofd in Afrika onder de leiders: Algerije ($1.733,4), Zuid-Afrika ($1.259,4), Marokko ($918,4), Egypte ($443,5) en Nigeria ($412,2). De groei van de investeringen in vaste activa onder de leiders: Algerije (4,9%), Egypte (3,1%), Nigeria (3,0%), Marokko (2,8%) en Zuid-Afrika (0,92%).

www.ingramcontent.com/pod-product-compliance
Lightning Source LLC
Chambersburg PA
CBHW080854220526
45467CB00008B/2509